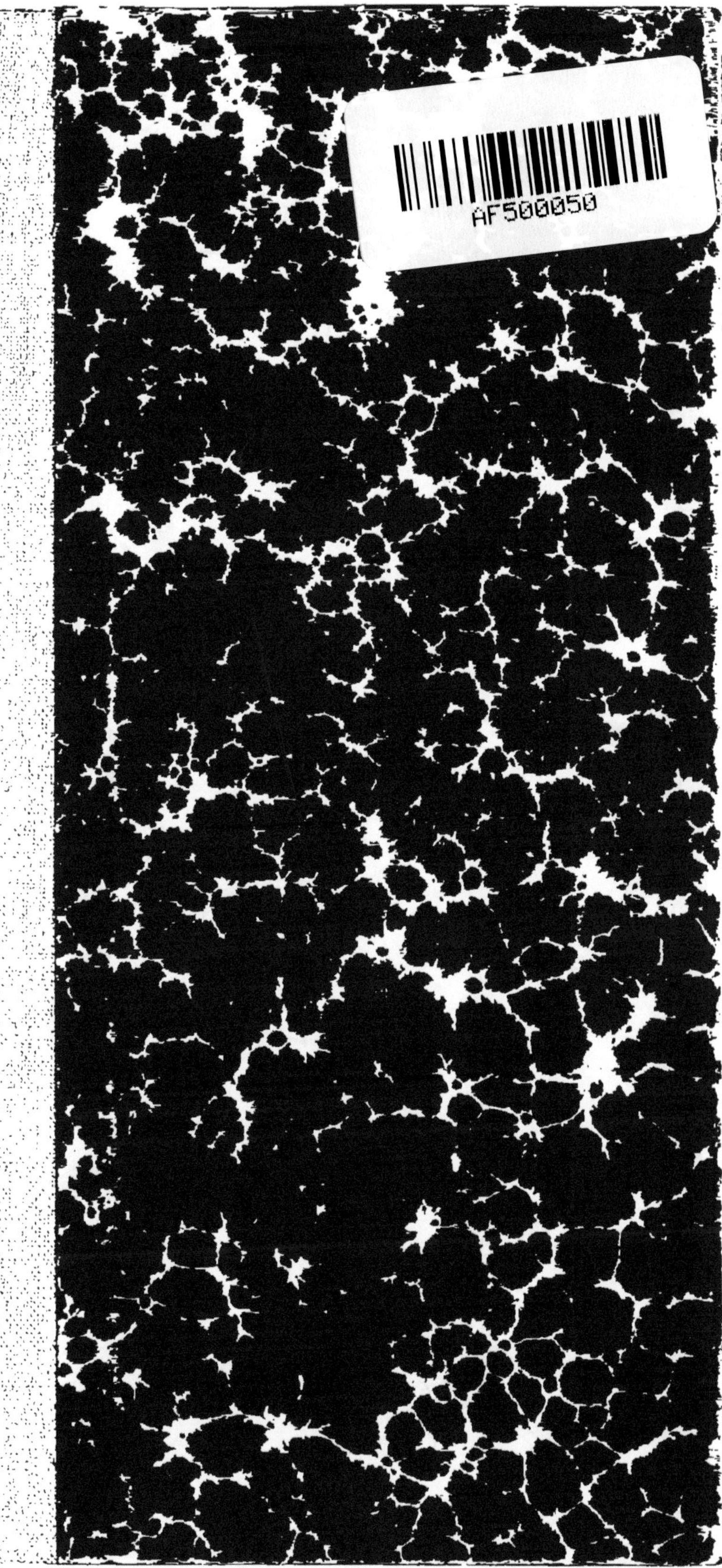
AF500050

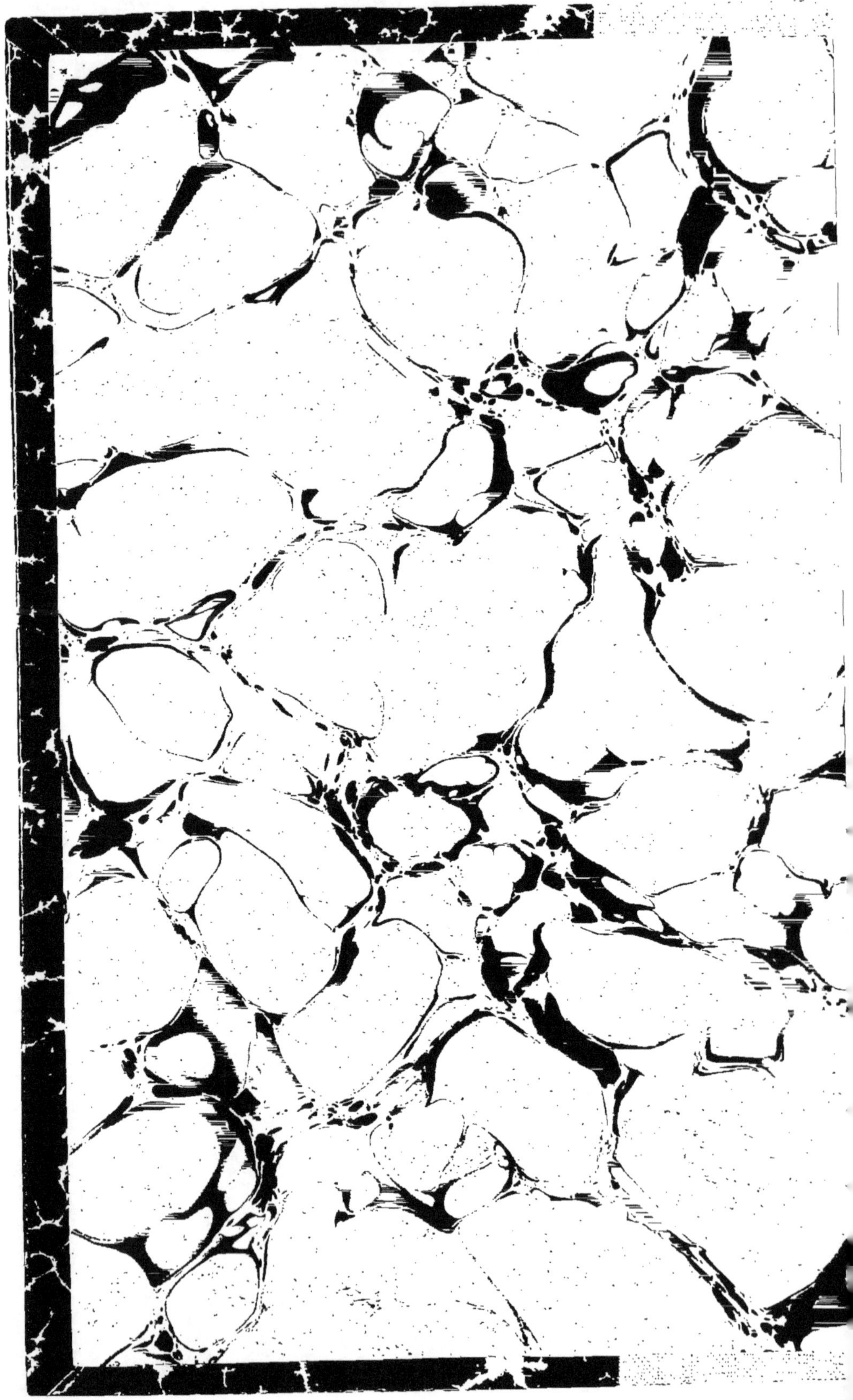

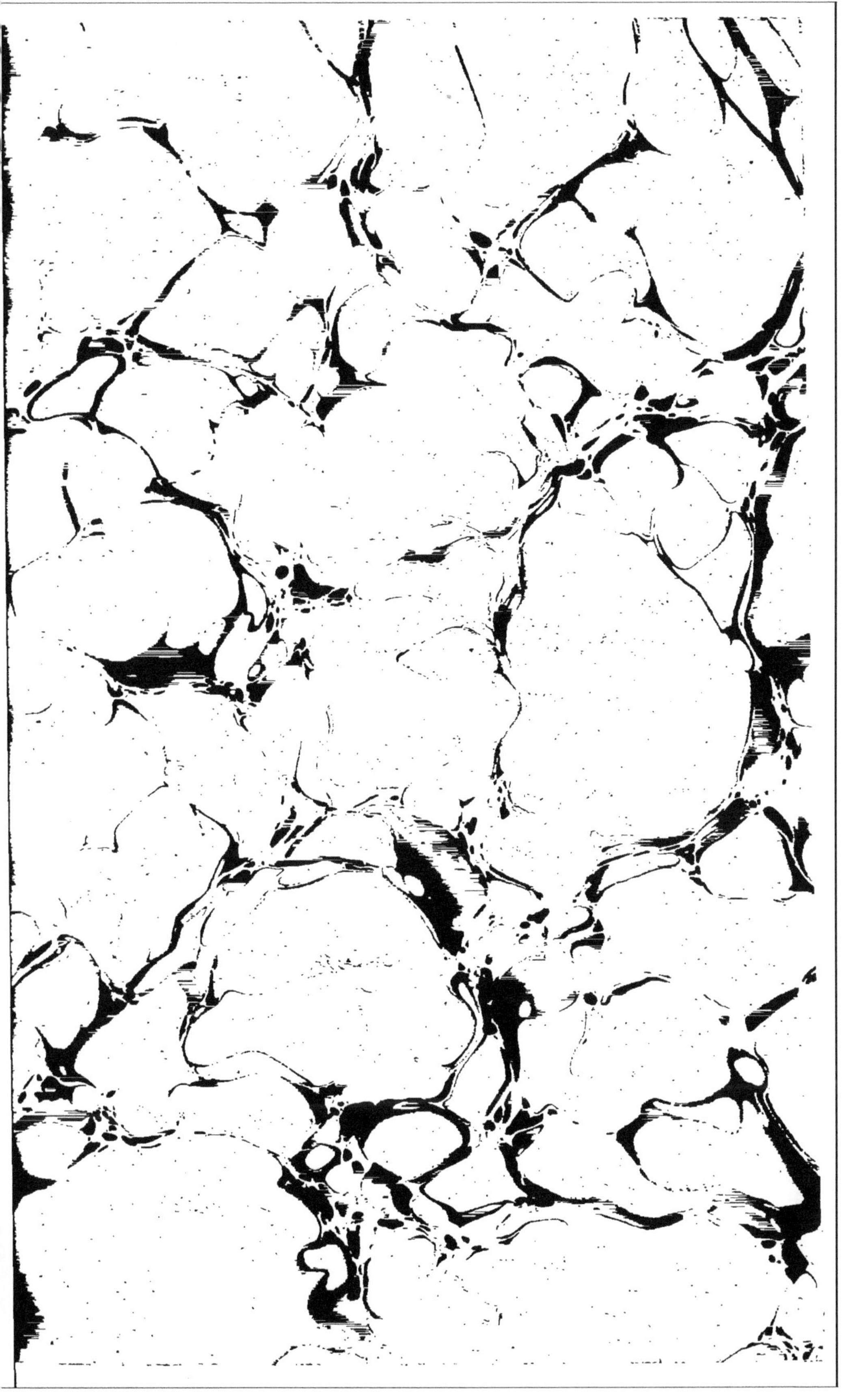

BOULANGER

VOLTAIRE
EN PRUSSE

PAR

ALBERT THIÉRIOT

LETTRES EXTRAITES DE SA CORRESPONDANCE
(juillet 1750 à mars 1753)

SUIVI DU

RÉCIT DE LA CAPTIVITÉ DE VOLTAIRE A FRANCFORT

PAR LES AGENTS PRUSSIENS

D'APRÈS COLLINI, SON SECRÉTAIRE

avec des notes
et éclaircissements historiques, biographiques et littéraires

PARIS

LIBRAIRIE SANDOZ & FISCHBACHER

33, rue de Seine, 33

NEUCHATEL — LIBRAIRIE J. SANDOZ

GENÈVE — LIBRAIRIE DESROGIS

1878

VOLTAIRE EN PRUSSE

VOLTAIRE
EN PRUSSE

PAR

ALBERT THIÉRIOT

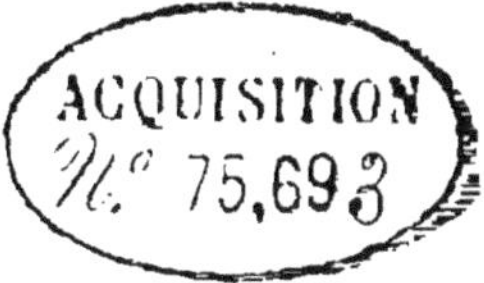

LETTRES EXTRAITES DE SA CORRESPONDANCE
(juillet 1750 à mars 1753)

SUIVI DU

RÉCIT DE LA CAPTIVITÉ DE VOLTAIRE A FRANCFORT

PAR LES AGENTS PRUSSIENS

D'APRES COLLINI, SON SECRÉTAIRE

avec des notes
et éclaircissements historiques, biographiques et littéraires

PARIS

LIBRAIRIE SANDOZ & FISCHBACHER

NEUCHATEL — LIBRAIRIE J. SANDOZ

GENÈVE — LIBRAIRIE DESROGIS

1878

NEUCHATEL. — IMPRIMERIE ATTINGER.

PRÉFACE

Relégué par son père au château de Reinsberg, Frédéric II, — alors prince royal, — passionné pour la langue française, pour les vers, pour la philosophie, choisit Voltaire pour son confident et pour son guide. Ils s'envoyaient réciproquement leurs ouvrages; le prince consultait le philosophe sur ses travaux, lui demandait des conseils et des leçons.

La première lettre du jeune prince à Voltaire est du 8 août 1736. La réfutation du Prince de Machiavel, *où il s'élève avec énergie contre les principes despotiques du publiciste florentin, et où il trace avec une sévérité toute philosophique les devoirs du souverain, fut publié par les soins de Voltaire, sous le titre de l'*Anti-Machiavel *(La Haye, 1740).*

« Frédéric, en montant sur le trône, dit Condorcet, ne changea point pour Voltaire. Les soins du gouvernement

n'affaiblirent ni son goût pour les vers, ni son avidité pour les ouvrages conservés dans le portefeuille de Voltaire..... Il alla le voir à Wesel (décembre 1740) et fut étonné de trouver un jeune roi en uniforme, sur un lit de camp, ayant le frisson de la fièvre..... La guerre n'avait pas interrompu la correspondance du roi de Prusse et de Voltaire. Le roi lui envoyait des vers du milieu de son camp, en se préparant à une bataille, ou pendant le tumulte d'une victoire; et Voltaire en louant ses exploits, en caressant sa gloire militaire, lui prêchait toujours l'humanité et la paix. »

En 1743, la cour de France imagina d'envoyer Voltaire auprès de Frédéric avec une mission secrète. « *Il fallait un prétexte, dit Voltaire dans ses* Mémoires ; *je pris celui de ma querelle avec l'ancien évêque de Mirepoix..... J'écrivis au roi de Prusse que je ne pouvais plus tenir aux persécutions de ce théatin, et que j'allais me réfugier auprès d'un roi philosophe, loin des tracasseries d'un bigot.....* »

Après avoir passé quelque temps avec le roi de Prusse, qui se refusait constamment à toute négociation avec la France, Voltaire eut l'adresse de saisir le véritable motif de ce refus : c'était la faiblesse qu'avait eue la France de ne pas déclarer la guerre à l'Angleterre, et de paraître, par cette conduite, demander la paix quand elle pouvait prétendre à en dicter les conditions.

On ne se sépara pas sans attendrissement et sans effusion des deux parts. « Mais désormais, quoi qu'ils disent et quoi qu'ils fassent, fait remarquer M. Desnoiresterres (Voltaire à Cirey), *malgré l'attrait et le charme de leur commerce, la confiance était éteinte : Frédéric avait flairé « l'espion », c'est Voltaire qui le dit ; et l'auteur de* Zaïre *savait, de son côté, de quoi était capable le roi de Prusse en amitié comme en politique. »*

Cependant Frédéric ne cessait de solliciter Voltaire de venir vivre à sa cour. Il lui écrivait le 10 juin 1749 : « Madame du Châtelet accouche dans le mois de septembre ; vous n'êtes pas une sage-femme ; ainsi elle fera bien ses couches sans vous ; et s'il le faut, vous pourrez alors être de retour à Paris. Croyez, d'ailleurs, que les plaisirs que l'on fait aux gens sans se faire tirer l'oreille sont de meilleure grâce et plus agréables que lorsqu'on se fait tant solliciter. » Et Voltaire de répondre (29 juin) : « Ni M. Bartenstein, ni M. Bestuchef, tout puissants qu'ils sont, ni même Frédéric-le-Grand, qui les fait trembler, ne peuvent à présent m'empêcher de remplir un devoir que je crois très indispensable. Je ne suis ni feseur d'enfants, ni médecin, ni sage-femme, mais je suis ami, et je ne quitterai pas, même pour Votre Majesté, cette femme qui peut mourir au mois de septembre. Ses couches ont l'air d'être fort dangereuses ; mais si elle s'en tire bien, je vous promets, Sire, de venir vous faire ma cour au mois de septembre. »

Ce ne fut qu'après la mort de la marquise du Châtelet (10 septembre 1749), et alors qu'il en avait par dessus la tête de Louis XV, de Madame de Pompadour, et de toute la cour de France, que Voltaire se décida enfin à se rendre aux incessantes et pressantes invitations du roi de Prusse.

Voltaire partit de Compiègne le 10 juin 1750, et le 10 juillet il entrait dans Potsdam.

A. T.

1750

A M. le comte d'Argental [1]

A Potsdam, ce 24 juillet 1750.

Mes divins anges, je vous salue du ciel de Berlin. J'ai passé par le purgatoire pour y arriver. Une mé-

[1] Le meilleur et le plus constant ami de Voltaire, né en 1700, mort en 1788. Il devint le dépositaire fidèle de ses peines et de ses plus secrètes pensées. « Son admiration pour Voltaire, a dit La Harpe, était un sentiment vrai et sans ostentation. Il adorait son talent comme il aimait sa personne avec la plus grande sincérité. Il jouissait véritablement de ses confidences et de ses succès; il n'en était pas vain; il en était heureux et de si bonne foi que tous ceux qui le voyaient lui savaient gré de son bonheur. Il n'est pas nécessaire d'ajouter que l'ami de Voltaire avait le goût juste et naturellement orné, nourri de la politesse de ce beau siècle de Louis XIV, dont il avait vu la fin. Le Kain trouva en lui un zélé protecteur, et la Lecouvreur un jeune amant qui eut pour elle une passion vive. Il aimait les vers et en faisait de très jolis. Il fut nommé par le duc de Parme son ministre auprès du roi de France. »

Voltaire disait de lui : « Qu'il était né pour faire du plaisir, comme Rameau pour faire de la musique. » (A. T.)

prise m'a retenu quinze jours à Clèves, et malheureusement ni la duchesse de Clèves, ni le duc de Nemours[1], n'étaient plus dans le château. Les ordres du roi pour les relais ont été arrêtés quinze jours entiers; j'aurais dû consacrer ces quinze jours à *Aurélie*[2], et je ne les ai employés qu'à me donner des indigestions. Je vous fais ma confession, mes anges. Enfin me voici dans ce séjour autrefois sauvage, et qui est aujourd'hui aussi embelli par les arts qu'ennobli par la gloire. Cent cinquante mille soldats victorieux, point de procureurs, opéra, comédie, philosophie, poésie, un héros philosophe et poète, grandeur et grâces, grenadiers et muses, trompettes et violons, repas de Platon, société et liberté! Qui le croirait? Tout cela pourtant est très vrai, et tout cela ne m'est pas plus précieux que nos petits soupers. Il faut avoir vu Salomon dans sa gloire; mais il faut vivre auprès de vous, avec M. de Choiseul et M. l'abbé de Chauvelin. Que cette lettre, je vous en prie, soit pour eux; qu'ils sachent à quel point je les regrette, même quand j'entends Frédéric-le-Grand. Je suis tout honteux d'avoir ici l'apparte-

[1] Allusion au roman de la *Princesse de Clèves*. (A. T.)

[2] Voltaire a successivement nommé la même tragédie *Aurélie*, *Cicéron et Catilina*; enfin, *Catilina* ou *Rome sauvée*. (A. T.)

ment de M. le maréchal de Saxe. On a voulu mettre l'histoire dans la chambre du héros.

A de pareils honneurs je n'ai point dû m'attendre,
Timide, embarrassé, j'ose à peine en jouir;
Quinte-Curce lui-même aurait-il pu dormir,
S'il eût osé coucher dans le lit d'Alexandre?

. . . .

Au même

A Potsdam, ce 7 d'auguste.

Mes divins anges, votre Sans-Souci est donc à Neuilly? Vous avez moins de colonnes de marbre, moins de balustrades de cuivre doré; votre salon, quelque beau qu'il soit, n'a pas une coupole magnifique; le roi très chrétien ne vous a pas envoyé des statues dignes d'Athènes, et vous n'avez pas même encore pu réussir à vous défaire de vos bustes; avec tout cela, je tiens que Neuilly vaut encore Sans-Souci; mais je détesterai et Neuilly et votre bois de Boulogne, si Mme d'Argental n'y retrouve pas la santé, si M. de Choiseul ne soupe pas à fond, si M. le coadjuteur[1] a mal à la poitrine. Je vous passe, à vous,

[1] L'abbé de Chauvelin. (A. T.)

une indigestion. Heureux les gens qui ne sont malades que quand ils le veulent !

Tout ce que j'apprends des spectacles de Paris fait que je ne regrette que Neuilly et mon petit théâtre. Le mauvais goût a levé l'étendard dans Paris. Vous en avez encore pour quelques années ; c'est une maladie épidémique qui doit avoir son cours, et l'on ne reviendra au beau que quand vous serez fatigués du mauvais. La profusion vous a perdus ; l'excès de l'esprit a égaré, dans presque tous les genres, le talent et le génie, et la protection donnée à *Catilina*[1] a achevé de tout perdre. J'avoue que les Prussiens ne font pas de meilleures tragédies que nous ; mais vous aurez bien de la peine à donner, pour les couches de Mme la dauphine, un spectacle aussi noble et aussi galant que celui qu'on prépare à Berlin. Un carrousel composé de quatre quadrilles nombreuses, carthaginoises, persanes, grecques et romaines, conduites par quatre princes qui y mettent l'émulation de la magnificence, le tout à la clarté de vingt mille lampions qui changeront la nuit en jour ; les prix distribués par une belle princesse[2], une foule d'étrangers qui accourent à ce spectacle, tout cela n'est-il pas le

[1] Le *Catilina* de Crébillon. (A. T.)

[2] La margrave de Baireuth, sœur de Frédéric II. (A. T.)

temps brillant de Louis XIV, qui renaît sur les bords de la Sprée ? Joignez à cela une liberté entière que je goûte ici, les attentions et les bontés inexprimables du vainqueur de la Silésie, qui porte tout son fardeau de roi depuis cinq heures du matin jusqu'à dîner, qui donne absolument le reste de la journée aux belles-lettres, qui daigne travailler avec moi trois heures de suite, qui soumet à la critique son grand génie, et qui est à souper le plus aimable des hommes, le lien et le charme de la société. Après cela, mes anges, rendez-moi justice. Qu'ai-je à regretter que vous seuls ? J'y mets aussi Mme Denis[1]. Vous seuls êtes pour moi au-dessus de ce que je vois ici. Je ne vous parlerai point aujourd'hui d'*Aurélie* et des éditions de mes œuvres dont on me menace encore de tous côtés. J'apprends du roi de Prusse à corriger mes fautes. Le temps que je ne passe pas auprès de lui, je le mets à travailler sans relâche autant que ma santé le permet. O sages habitants de Neuilly, conservez-moi une amitié plus précieuse pour moi que toute la grandeur d'un roi plein de mérite ! Mon âme se partage entre vous et Frédéric-le-Grand.

[1] Nièce de Voltaire. (A. T.)

A Madame la marquise de Pompadour

Qui avait prié M. de Voltaire de présenter ses respects au roi de Prusse

A Potsdam, le 10 d'auguste 1750.

Dans ces lieux jadis peu connus,
Beaux lieux aujourd'hui devenus
Dignes d'éternelle mémoire,
Au favori de la Victoire
Vos compliments sont parvenus :
Vos myrtes sont dans cet asile
Avec les lauriers confondus :
J'ai l'honneur, de la part d'Achille,
De rendre grâces à Vénus.

S'il vous remerciait lui-même, madame, vous auriez de plus jolis vers, car il en fait aussi aisément qu'un autre roi et lui gagnent des batailles.

De deux rois qu'il faut adorer
Dans la guerre et dans les alarmes,
L'un est digne de soupirer
Pour vos vertus et pour vos charmes,
Et l'autre de les célébrer.

A Madame Denis, à Paris

Potsdam, 11 auguste 1750.

.....Dites au marquis d'Adhémar que je pense efficacement à lui et à ses desseins. Il aura bientôt de mes nouvelles. J'ai oublié de vous dire que quand je pris congé de Mme de Pompadour à Compiègne, elle me chargea de présenter ses respects au roi de Prusse. On ne peut donner une commission plus agréable et avec plus de grâces; elle y mit toute la modestie, et des *si j'osais,* et des *pardons* au roi de Prusse de prendre cette liberté. Il faut apparemment que je me sois mal acquitté de ma commission. Je croyais, en homme tout plein de la cour de France, que le compliment serait bien reçu; il me répondit sèchement : *Je ne la connais pas.* Ce n'est pas ici le pays de Lignon. Je n'en mande pas moins à Mme de Pompadour que Mars a reçu, comme il le devait, les compliments de Vénus.

Mme la margrave de Bareith est ici; tout est en fêtes. On croirait presque, aux apparences, qu'on n'est ici que pour se réjouir.

A la même, à Paris

A Charlottembourg, 14 auguste.

Voici le fait, ma chère enfant. Le roi de Prusse me fait son chambellan, me donne un de ses ordres, vingt mille francs de pension, et à vous quatre mille assurés pour toute votre vie, si vous voulez venir tenir ma maison à Berlin, comme vous la tenez à Paris. Vous avez bien vécu à Landau avec votre mari. Je vous jure que Berlin vaut mieux que Landau et qu'il y a de meilleurs opéras. Voyez, consultez votre cœur. Vous me direz qu'il faut que le roi de Prusse aime bien les vers. Il est vrai que c'est un auteur français né à Berlin. Il a cru, toutes réflexions faites, que je lui serais plus utile que d'Arnaud[1]. Je lui ai pardonné, comme à Heurtaud, les petits vers galants que Sa Majesté prussienne avait faits pour mon jeune élève, dans lesquels il le traitait de *soleil levant*, fort lumineux, et moi de *soleil couchant*, assez pâle. Il égratigne encore quelquefois d'une main, quand il caresse de

[1] Arnaud ou d'Arnaud Baculard, littérateur (1718-1805). Voltaire fut son protecteur, mais il le paya d'ingratitude. Il devint le correspondant littéraire, à Paris, de Frédéric II, puis il se rendit à Berlin, où il fut nommé membre de l'Académie de cette ville. (A. T.)

l'autre; mais il n'y faut pas prendre garde de si près. Il aura le *levant* et le *couchant* auprès de lui, si vous y consentez; et il sera, lui, dans son *midi*, faisant de la prose et des vers tant qu'il voudra, puisqu'il n'a point de batailles à donner. J'ai peu de temps à vivre. Peut-être est-il plus doux de mourir à sa mode, à Potsdam, que de la façon d'un habitué de paroisse à Paris. Vous vous en retournerez après cela avec vos quatre mille livres de douaire. Si ces propositions vous convenaient, vous feriez vos paquets au printemps; et moi j'irais, sur la fin de cet automne, faire mon pèlerinage d'Italie, voir Saint-Pierre de Rome, le pape, la Vénus de Médicis et la ville souterraine. J'ai toujours sur le cœur de mourir sans voir l'Italie. Nous nous rejoindrions au mois de mai. J'ai quatre vers du roi de Prusse pour Sa Sainteté. Il serait plaisant d'apporter au pape quatre vers français d'un monarque allemand et hérétique, et de rapporter à Potsdam des indulgences. Vous voyez qu'il traite mieux les papes que les belles. Il ne fera point de vers pour vous; mais vous trouverez ici bonne compagnie; vous auriez une bonne maison. Il faut d'abord que le roi, notre maître, y consente. Cela lui sera, je pense, fort indifférent. Il importe peu à un roi de France en quel lieu le plus inutile de ses vingt-deux ou vingt-trois millions de sujets passe sa vie; mais il serait affreux de vivre sans vous.

A M. le comte d'Argental

A Charlottembourg, 20 d'auguste.

Mes chers anges, si je vous disais que nous avons eu ici un feu d'artifice dans le goût de celui du Pont-Neuf, que nous allons aujourd'hui à Berlin voir *Phaéton*[1], dont les décorations seront de glace, que tous les jours sont des fêtes, que d'Arnaud a fait jouer son *Mauvais riche*, et qu'il a été jusqu'ici pour le fond et pour les détails tout comme à Paris, vous ne vous en soucierez peut-être que très médiocrement. J'ai d'ailleurs le cœur plus rempli et plus déchiré de ma résolution que je ne suis ébloui de nos fêtes, et je sens bien que le reste de mes jours sera empoisonné, malgré la liberté, malgré la douceur d'une vie tranquille, malgré les excessives bontés d'un roi qui me paraît ressembler en tout à Marc-Aurèle, à cela près que Marc-Aurèle ne faisait point de vers et que celui-

[1] Opéra de Quinault. (A. T.)

ci en fait d'excellents quand il se donne la peine de les corriger. Il a plus d'imagination que moi, mais j'ai plus de routine que lui. Je profite de la confiance qu'il a en moi pour lui dire la vérité plus hardiment que je ne la dirais à Marmontel, ou à d'Arnaud, ou à ma nièce. Il ne m'envoie pas aux Carrières pour avoir critiqué ses vers ; il me remercie, il les corrige et toujours en mieux. Il en fait d'admirables. Sa prose vaut ses vers, pour le moins ; mais dans tout cela il allait trop vite. Il y avait de bons courtisans qui lui disaient que tout était parfait, mais ce qui est parfait, c'est qu'il me croit plus que ses flatteurs, c'est qu'il aime, c'est qu'il sent la vérité. Il faut qu'il soit parfait en tout. Il ne faut pas dire *César est supra grammaticam*. César écrivait comme il combattait. Frédéric joue de la flûte comme Blavet, pourquoi n'écrirait-il pas comme nos meilleurs auteurs ? Cette occupation vaut bien le jeu et la chasse. Son *Histoire de Brandebourg* sera un chef-d'œuvre quand il l'aura revue avec soin ; mais un roi a-t-il le temps de prendre ce soin ? Un roi qui gouverne seul une vaste monarchie ? Oui, voilà ce qui me confond ; je ne sors point de surprise. Sachez encore que c'est le meilleur de tous les hommes, ou bien je suis le plus sot. La philosophie a encore perfectionné son caractère. Il s'est corrigé, comme il corrige ses ouvrages. Voilà précisément, mes anges, pourquoi j'ai le cœur déchiré; voilà pourquoi je ne vous reverrai qu'au mois de mars. Comptez qu'ensuite, quand je reviendrai en France, je n'y reviendrai que pour vous seuls, pour vous, mes anges, qui faites toute ma patrie. Je vous demande en grâce d'encourager Mme Denis à venir avec moi s'établir au mois de mars à Berlin, dans une bonne maison où elle vivra dans la plus grande opulence. Le roi de Prusse lui assure, à Paris, une pension après ma mort. Il m'a promis que les reines (qui ne savent encore rien de nos petits desseins) l'honoreront des distinctions et des bontés les plus flatteuses. Elle fera ma consolation dans ma vieillesse. Disposez-la à cette bonne œuvre. Il n'y a plus à reculer. Le roi de Prusse m'a fait demander au roi, et je ne suis pas un sujet assez important pour qu'on veuille me garder en France. Je servirai le roi dans la personne du roi de Prusse, son allié et son ami. Ce sera une chose honorable pour notre patrie qu'on soit obligé de nous appeler quand on veut faire fleurir les arts. Enfin, je ne crois pas qu'on refuse le roi de Prusse; et si, par un hasard que je ne prévois pas, on le refusait, vous sentez bien que la première démarche étant faite, il la faudrait soutenir, et obtenir par des sollicitations pressantes, ce qu'on n'aurait pas accordé d'abord à ses prières, et que je ne veux plus vivre en France après avoir voulu la quitter. Il y a un mois que je suis à la torture; j'en ai été malade; un tel parti coûte sans doute. Vous êtes bien sûr que c'est vous qui déchirez mon âme; mais, encore une fois, quand je vous parlerai, vous m'approuverez. Ne me condamnez point avant de m'entendre, conservez-moi les bontés qui me sont aussi précieuses pour le moins que celles du roi de Prusse. J'ai les yeux mouillés de larmes en vous écrivant. Adieu.

A Madame Denis

A Berlin, 22 auguste.

Je reçois votre lettre du 8, en sortant de *Phaéton;* c'est un peu Phaéton travesti. Le roi a un poète italien, nommé Villati, à quatre cents écus de gages. Il lui donne des vers pour son argent, qui ne coûtent pas grand'chose ni au poète ni au roi. Cet Orphée prend le matin un flacon d'eau-de-vie au lieu d'eau d'Hippocrène, et, dès qu'il est un peu ivre, les mauvais vers coulent de source. Je n'ai jamais rien vu de si plat dans une si belle salle. Cela ressemble à un temple de la Grèce et on y joue des ouvrages tartares.

Pour la musique, on dit qu'elle est bonne. Je ne m'y connais guère ; je n'ai jamais trop senti l'extrême mérite des doubles croches. Je sens seulement que la signora Astrua et *i signori castrati* ont de plus belles voix que vos actrices, et que les airs italiens ont plus de brillant que vos ponts-neufs que vous nommez ariettes. J'ai toujours comparé la musique française au jeu de dames, et l'italienne au jeu des échecs. Le mérite de la difficulté surmontée est quelque chose. Votre dispute contre la musique italienne est comme le guerre de 1701 : vous êtes seuls contre toute l'Europe.

Mme la margrave de Bareith voudrait bien attirer auprès d'elle Mme de Graffigny[1], et je lui propose aussi le marquis d'Adhémar. Il n'y a point ici de place pour lui dans le militaire. Il faut, de plus, savoir bien l'allemand, et c'est le moindre des obstacles. Je crois que, pendant la paix, il n'a rien de mieux à faire qu'à se mettre à la cour de Bareith. La plupart des cours

[1] Femme de lettres (1695-1758). Auteur des *Lettres péruviennes*, d'un drame en prose, *Cénie* (1750). En 1870, on a publié d'elle, sous le titre de *Voltaire et Mme du Châtelet*, 1 vol. in-8°. (A. T.)

d'Allemagne sont actuellement comme celles des anciens paladins, aux tournois près ; ce sont de vieux châteaux où l'on cherche l'amusement. Il y a là de belles filles d'honneur, de beaux bacheliers ; on y fait venir des jongleurs. Il y a dans Bareith opéra italien et comédie française, avec une jolie bibliothèque dont la princesse fait un très bon usage. Je crois, en vérité, que ce sera un excellent marché, dont ils me remercîront tous deux.

Pour Mme la *Péruvienne*[1], elle est plus difficile à transplanter. La voilà établie à Paris, avec une considération et des amis qu'on ne quitte guère à son âge. Je me fais là mon procès ; mais, ma chère enfant, les mauvais auteurs ne poursuivent point une femme ; ils font pour elle de plats madrigaux ; mais ils feront éternellement la guerre à leur confrère l'auteur de la *Henriade*. Les inimitiés, les calomnies, les libelles de toute espèce, les persécutions sont la sûre récompense d'un pauvre homme assez mal avisé pour faire des poèmes épiques et des tragédies. Je veux essayer si je ne trouverai pas plus de repos auprès d'un poète couronné, qui a cent cinquante mille hommes, qu'avec les poètes des cafés de Paris. Je vais me coucher dans cette idée.

[1] Mme de Graffigny.

A la même

A Berlin, 24 auguste.

Pardonnez-moi d'égayer un peu la noirceur que ma transplantation répand dans mon âme. . . . . Ne vous scandalisez pas; il ne s'agit point ici de passions malhonnêtes. Un marquis de Montperni, attaché à Mme la margrave de Bareith, et qui est venu avec elle, tombe très dangereusement malade. Il est catholique, car on est ici ce que l'on veut. Un domestique, encore meilleur catholique, a été cause d'un assez singulier quiproquo. Le malade, tourmenté d'une colique violente, envoie chercher l'apothicaire; le valet, occupé du salut de son maître, va chercher le viatique; un prêtre arrive; Montperni, qui ne songe qu'à sa colique, et qui a la vue fort mauvaise, ne doute point que ce soit un lavement qu'on lui apporte, il tourne le derrière; le prêtre, étonné, veut une posture plus décente; il lui parle des quatre fins de l'homme; Montperni lui parle de seringue; le prêtre se fâche; Montperni l'appelle toujours monsieur l'apothicaire. Vous croyez bien que cette scène a été un peu commentée dans un pays où on respecte fort peu ce que

M. de Montperni prenait pour un lavement. J'ai un secrétaire champenois qui est une espèce de poète d'antichambre ; il a mis l'aventure en vers d'antichambre ; mais on me les attribue, et ils passent dans tous les cabinets de l'Allemagne, et ils seront bientôt dans ceux de Paris.

Mon destin me suit partout. D'Arnaud fait des stances à la glace pour des beautés qu'on prétend être à la glace aussi, et aussitôt les gazettes les débitent sous mon nom. C'est bien pis ici que dans le fond d'une province de France. Les Berlinois veulent avoir de l'esprit parce que le roi en a. Qui aurait dit qu'on se piquerait un jour de se connaître en vers dans ce pays des Vandales ? On y prend pour du vin de Beaune le vinaigre que les marchands de Liége vendent fort cher ; et, en vérité, c'est ainsi qu'en général le gros du public juge de tout. Le goût est un don de Dieu fort rare. Si toutes ces satires viennent à Paris, je vous prie de me défendre contre les Vandales de notre patrie, car il y en a toujours. Nous nous préparons à jouer *Rome sauvée*. Vous ne vous douteriez pas que nous trouvassions ici des acteurs. Ce qui vous étonnera, c'est que le prince Henri, frère du roi, et la princesse Amélie, sa sœur, récitent très bien des vers et sans le moindre accent. La langue qu'on parle le moins à la cour, c'est l'allemand. Je n'en ai pas encore entendu prononcer un mot. Notre langue et nos belles-lettres ont fait plus de conquêtes que Charlemagne. Je fais, comme vous voyez, ce que je peux pour me justifier; mais je n'en ai pas moins de remords de vous avoir quittée. La destinée se joue de nous. Je cherche la gaîté aux soupers des reines, et, quand je suis rentré chez moi, je trouve la tristesse. Mon inquiétude m'ôte le sommeil. J'attends votre première lettre pour fixer mon âme, qui ne sait plus où elle est.

A M. le comte d'Argental

A Berlin, ce 28 auguste.

Jugez en parti, mes très chers anges, si je suis excusable. Jugez-en par la lettre que le roi de Prusse m'a écrite de son appartement au mien[1], lettre qui répond aux très sages, très éloquentes et très fortes raisons que ma nièce alléguait, sur simple pressentiment. Je lui envoie cette lettre; qu'elle vous la montre :

[1] Celle du 23 août. (A. T.)

lisez-la, je vous en prie, et vous croirez lire une lettre de Trajan ou de Marc-Aurèle. Je n'en ai pas moins le cœur déchiré. Je me livre à ma destinée, et je me jette, la tête la première, dans l'abîme de la fatalité qui nous conduit tous. Ah! mes chers anges! ayez pitié des combats que j'éprouve, et de la douleur mortelle avec laquelle je m'arrache à vous. J'en ai presque toujours vécu séparé; mais autrefois c'était la persécution la plus injuste, la plus cruelle, la plus acharnée : aujourd'hui c'est le premier homme de l'univers, c'est un philosophe couronné qui m'enlève. Comment voulez-vous que je résiste? Comment voulez-vous que j'oublie la manière barbare dont j'ai été traité dans mon pays? Songez-vous bien qu'on a pris le prétexte du *Mondain*, c'est-à-dire du badinage le plus innocent (que je lirais à Rome au pape); que d'indignes ennemis et d'infâmes superstitieux ont pris, dis-je, ce prétexte pour me faire exiler. Il y a quinze ans, direz-vous, que cela est passé. Non, mes anges, il y a un jour, et ces injustices atroces sont toujours des blessures récentes. Je suis, je l'avoue, comblé des bienfaits de mon roi. Je lui demande, le cœur pénétré, la permission de le servir en servant le roi de Prusse, son allié et son ami. Je serai toujours son sujet; mais puis-je regretter les cabales d'un pays où j'ai été si maltraité ? Tout cela ne m'empêcherait pas de songer à *Zulime*, à *Adélaïde*, à *Aurélie;* mais je n'ai point ici les deux premières. Je comptais, en partant, n'être auprès du roi de Prusse que six semaines. Je vois bien que je mourrai à ses pieds. Savez-vous que je serais heureux de passer dans le sein de la philosophie et de la liberté, auprès de mon Marc-Aurèle, le peu de jours qui me restent ! Mais on ne peut être heureux. Adieu ; je ne vous parlerai ni de l'opéra, ni de *Phaéton,* ni du spectacle d'un combat de dix mille hommes, ni de tous les plaisirs qui ont succédé ici aux victoires. Je ne suis rempli que de la douleur de m'arracher à vous. Que Mme d'Argental conserve sa santé; que M. de Choiseul, M. l'abbé de Chauvelin, fassent à Neuilly des soupers délicieux; que M. de Pont-de-Veyle[1] se souvienne de moi avec bonté. Adieu, divins anges, adieu.

Il n'y a pas moyen de tenir au carrousel que je viens de voir; c'était à la fois le carrousel de Louis XIV, et la fête des lanternes de la Chine. Quarante-six mille petites lanternes de verre éclairaient la place, et formaient, dans les carrières où l'on courait, une illumination bien dessinée. Trois mille soldats sous les armes bordaient toutes les avenues, quatre

[1] Frère de d'Argental. (A. T.)

échafauds immenses fermaient de tous côtés la place. Pas la moindre confusion, nul bruit, tout le monde assis à l'aise, et attentif en silence, comme à Paris à une scène touchante de ces tragédies que je ne verrai plus, grâce à..... Quatre quadrilles ou plutôt quatre petites armées de Romains, de Carthaginois, de Persans et de Grecs, entrant dans la lice, et en fesant le tour au bruit de leur musique guerrière; la princesse Amélie entourée des juges du camp, et donnant le prix. C'était Vénus qui donnait la pomme. Le prince royal a eu le premier prix. Il avait l'air d'un héros des Amadis. On ne peut pas se faire une juste idée de la beauté, de la singularité de ce spectacle; le tout terminé par un souper à dix tables et par un bal. C'est le pays des fées. Voilà ce que fait un seul homme. Ses cinq victoires et la paix de Dresde étaient un bel ornement à ce spectacle. Ajoutez à cela que nous allons avoir une compagnie des Indes. J'en suis bien aise pour nos bons amis les Hollandais. Je crois que M. de Pont-de-Veyle avouera sans peine que Frédéric-le-Grand est plus grand que Louis XIV. Il serait cent fois plus grand que je n'en aurais pas moins le cœur percé d'être loin de vous.

A M. le maréchal duc de Richelieu

Auguste.

Mon *héros*, cette lettre partira quand il plaira à Dieu ; mais il faut que je me livre au plaisir de vous dire combien mon cœur vous donne la préférence sur tous les rois de la terre. Je ne vous parlerai cette fois-ci ni de l'ancienne Rome, ni de Cicéron, ni de Louis XIV ; mais, puisque vous avez daigné entrer avec tant de bonté dans ma situation, je crois remplir un devoir en vous rendant un compte fidèle de tout.

Votre élévation ne vous permet guère d'être instruit de tout ce qu'un homme qui s'est consacré aux lettres, a à essuyer en France ; mais vous savez, en général, que j'ai souffert des persécutions de toute espèce. Je fus poursuivi jusque dans la retraite de Cirey, et le théatin Boyer m'obligea, en 1736, de me réfugier en Hollande.

Quel était le prétexte de cette tempête excitée par des prêtres, et à laquelle se prêtait *la vieille mie* qu'on appelait le cardinal de Fleuri ? C'était la plaisanterie très innocente du *Mondain*, l'ouvrage du monde le moins digne d'attirer des persécutions à son auteur.

Le garde des sceaux Chauvelin me poursuivit avec acharnement.

Je pouvais alors trouver auprès du roi de Prusse un asile honorable; mais j'avais promis à Mme du Châtelet, votre amie, de ne l'abandonner jamais. Je lui tins parole; je revins auprès d'elle, et la mort seule nous a séparés. Vos bontés me firent obtenir les places de gentilhomme ordinaire du roi et de son historiographe. Vous savez si j'en conserve une juste reconnaissance. J'aurais voulu passer auprès de vous ma vie, et je vous proteste que, si quelque hasard heureux ou malheureux vous avait fait prendre le parti de passer à Richelieu une partie de l'année, je vous aurais demandé la permission de vous y suivre toujours, et j'aurais voulu cultiver l'esprit de M. le duc de Fronsac. C'était là un de mes châteaux en Espagne; mais je me suis trouvé à Paris un objet de jalousie pour tous ceux qui se mêlent d'écrire, et un objet de persécution pour les dévots.

Lorsque j'étais à Lunéville, le roi Stanislas s'avisa de composer un assez médiocre ouvrage, intitulé *Le Philosophe chrétien*. Il en fit corriger les fautes de français par son secrétaire Solignac, et envoya le manuscrit à la reine sa fille, la priant de lui en dire son

[1] Fils unique du duc, né en 1636, mort en 1791. (A. T.)

avis. Je soupçonne fort celui quė la reine consulta; mais, n'ayant pas de certitude, je me contenterai de vous dire que la reine manda au roi son père que le manuscrit était l'ouvrage d'un athée, qu'on voyait bien que j'en étais l'auteur, et que Mme du Châtelet et moi nous le pervertissions. La reine s'imagina que nous étions les confidents du goût du roi Stanislas pour Mme de Boufflers[1]; que nous l'entraînions dans l'irréligion pour lui ôter ses remords. Jugez de là quelles impressions elle a données de moi à M. le dauphin et à ses filles. Le théatin Boyer a donné encore de moi à Monsieur le dauphin et à Madame la dauphine des idées plus funestes.

Je n'avais donc de ressource que dans Mme de Pompadour; mais tous les gens de lettres fesaient ce qu'ils pouvaient pour l'éloigner de moi, et le roi ne me témoignait jamais la moindre bonté. Je songeai alors à me faire une espèce de rempart des Académies contre les persécutions qu'un homme qui a écrit avec liberté doit toujours craindre en France. Je m'adressai à M. d'Argenson[2], lorsqu'il eut ce département. Je de-

[1] Fille du prince de Craon, mariée au fils du maréchal de Boufflers, mère du chevalier de Boufflers. Voltaire l'avait surnommée la « dame de Volupté ». (A. T.)

[2] Il avait été condisciple de Voltaire au collége Louis-le-Grand. (A. T.)

mandai qu'il fît pour son ancien camarade de collége ce que M. de Maurepas m'avait promis avant qu'il lui plût de me persécuter, c'était de me faire entrer dans l'académie des Sciences et dans celle des Belles-Lettres, comme associé libre ou surnuméraire. La grâce était petite; je devais l'attendre de lui, et je ne l'obtins point. Je restai en butte à des ennemis toujours acharnés. La place d'historiographe n'était qu'un vain titre; je voulus la rendre réelle en travaillant à l'histoire de la guerre de 1741; mais, malgré mes travaux, Moncrif[1] eut ses entrées chez le roi, et moi je ne les eus pas.

Dans ces circonstances, le roi de Prusse, après une correspondance suivie de seize années, m'appelle à sa cour, me presse de le venir voir. Je me rends, j'arrive au milieu des fêtes, des carrousels et des plaisirs. Je connaissais toute cette cour depuis longtemps. Le roi de Prusse me traite aussi bien qu'on me traitait mal chez moi. Il me promet de me faire passer le reste de ma vie heureusement. Il m'écrit même une lettre que ma nièce a entre les mains, lettre qui lui ferait tort dans la postérité, s'il manquait à sa parole. Ma nièce veut bien alors venir passer auprès de moi une partie du temps qui me reste à vivre. Je lui fais

[1] L'auteur de l'*Histoire des chats*. (A. T.)

assurer une pension de quatre mille livres, payable à Paris, après ma mort, par le roi. Mais, m'apercevant que la vie de Potsdam, qui me plaît beaucoup, désespérerait une femme, je consens à me priver de ma nièce; je lui laisse à Paris ma maison, ma vaisselle d'argent, mes chevaux; j'augmente sa fortune.

Il fallait bien que j'acceptasse une pension du roi, parce que les autres en ont, parce que les déplacements coûtent cher; parce que, lorsque je la rendrai, il y aura beaucoup plus de noblesse à la remettre que de honte à la recevoir, s'il peut être honteux de recevoir une pension d'un grand roi qui en fait à tant de princes.

Au reste, le roi de Prusse m'a tenu parole, et a été même au-delà de ce qu'il m'a promis. J'ai eu un petit moment de bouderie; mais l'explication a bientôt tout racommodé. Je jouis d'une liberté entière, je jouis surtout de mon temps; je ne suis gêné en rien. Croyez-vous bien, monseigneur, que les reines m'ont dit de venir dîner ou souper chez elles quand je voudrais, et trouvent encore bon que j'y aille très rarement? Les soupers avec le roi sont très agréables; je m'y amuse; cela tient l'esprit en haleine. La conversation est souvent instructive et nourrit l'âme. Je m'en dispense quand ma très mauvaise santé l'ordonne. Si vous voyez milord Maréchal[1], il peut vous dire comment tout cela se passe, et vous avouerez que la vie philosophique de Potsdam est aussi heureuse que singulière. Elle convient surtout à une santé aussi délabrée que la mienne.

Maupertuis[2] est devenu à la vérité insociable, mais Algarotti[3] et d'autres sont des gens de la meilleure compagnie. Que faut-il de plus à mon âge? et quelle retraite plus honorable et plus douce peut-on imaginer sur la terre? Elle l'est au point que la considération, nécessairement attachée à ceux qui vivent avec le souverain, est comptée pour rien dans mon calcul. Je ne fais pas plus de cas des petits honneurs qu'il faut avoir, seulement afin que les sentinelles nous laissent passer. J'abandonnerais volontiers et les clefs d'or, et les croix, et les vingt mille francs que vous me reprochez, pension si rare en France; j'abandonnerais tout pour avoir l'honneur de vivre avec vous, et pour retrouver ma nièce et mes amis. Il y a vingt ans que je vous ai dit que ma passion était d'achever auprès de vous ma vie.

1 Le maréchal Keith. (A. T.)

2 Illustre savant français (1698-1759). Il était alors président de l'Académie de Berlin. (A. T.)

3 Littérateur italien (1712-1764), ami de Frédéric, qui le fit chambellan de la cour de Berlin. (A. T.)

Mais vous m'avouerez qu'il faut au moins être moralement sûr d'être bien reçu dans sa patrie pour faire un tel sacrifice. Je n'ai achevé le *Siècle de Louis XIV* que pour me préparer les voies en méritant l'estime des honnêtes gens. La matière est si délicate que j'ai cru ne la devoir traiter que de loin. J'ai tâché d'écrire en sage ; je crains que des fous ne me jugent. L'histoire, d'ailleurs, exige une vérité si libre, qu'un historiographe de France ne peut écrire que hors de France. Au reste, rendez-moi la justice de croire que je n'ai point fait le parallèle de Louis XIV avec un électeur de Brandebourg. Ce ne sont pas choses de même genre. Il faut pardonner au roi de Prusse cette petite complaisance pour son grand-père. J'ai corrigé son ouvrage[1], mais je me suis bien donné de garde de lui faire la moindre remontrance sur cet endroit, et d'ailleurs je n'ai pas pu tout corriger.

Il a fait cet ouvrage pour lui, et moi j'ai fait le *Siècle de Louis XIV* pour la France. Vous me rendrez sans doute assez de justice, vous êtes assez au fait de tout, pour ne pas trouver mauvais que je ne vienne en France que quand je saurai comment une histoire qui intéresse tous les ordres de l'Etat, la religion, le

[1] *Mémoires pour servir à l'Histoire de Brandebourg.* (A. T.)

gouvernement, aura été reçue. Je vous avais promis, monseigneur, au commencement de ma lettre, de ne vous point parler de Louis XIV; mais on va toujours un peu plus loin qu'on ne croyait d'abord quand on ouvre son cœur : j'abuse à l'excès de votre indulgence.

Je vous ai exposé ma situation, mes raisons, ma fortune et mes désirs. Ces désirs seront toujours de vous faire ma cour, de vivre avec mes amis; mais, en vérité, serait-il prudent de revenir en France dans les circonstances où je suis et de quitter une vie honorable et tranquille pour m'exposer à des humiliations et à des orages?

Vous m'avez fait l'honneur de me mander que le roi et Mme de Pompadour, qui ne me regardaient pas quand j'étais en France, ont été choqués que j'en fusse sorti. Comment serai-je donc traité si je reviens? Mme de Pompadour, en dernier lieu, semblait s'être éloignée de moi. Renoncerai-je à la faveur, à la familiarité d'un des plus grands rois de la terre, d'un homme qui ira à la postérité, pour aller briguer à une toilette un mot que je n'obtiendrai pas? pour solliciter auprès de M. d'Argenson, dans ma vieillesse, la permission de passer une heure quelquefois aux assemblées de l'Académie des Sciences et des Inscriptions, après qu'il aurait dû m'offrir lui-même cette consolation ?

Je sais qu'avec un peu de philosophie et une très mauvaise santé, on peut fort bien rester chez soi à Paris, et c'est le parti que probablement mes maladies et la caducité avancée où je touche me feront prendre. Mais alors quel triste rôle ! quelle condition équivoque ! quelle dépendance de ceux qui pourront me faire sentir que j'ai eu tort de m'en aller et tort de revenir ! Ma vieillesse ne serait-elle pas empoisonnée, et par les gens de lettres, et par ceux qui ont donné de moi à M. le dauphin des impressions si dangereuses sur mon compte ?

Daignez donc, monseigneur, je vous en conjure, peser toutes ces raisons ; puisque vous conservez pour moi tant de bontés, ayez celle de ne me point exposer. Serait-il mal à propos que vous poussassiez vos bons offices jusqu'à montrer naturellement à Mme de Pompadour ma situation et mes raisons ? Ne pourriez-vous pas lui dire qu'en quittant la France, je n'ai fait que me soustraire à la mauvaise volonté des gens qui ne l'aiment pas ? L'ancien évêque de Mirepois[1] a éclaté contre moi au sujet d'un petit écrit qu'on m'im-

[1] Le théatin Boyer. (A. T.)

putait, intitulé *La voix du peuple et du sage*, écrit qui en a fait éclore tant d'autres, comme la *Voix du pape*, la *Voix du prêtre*, la *Voix du laïque*, la *Voix du capucin*, etc.

Celui qu'on m'imputait soutenait les droits du roi. Mais le roi ne se soucie guère qu'on soutienne ses droits; et ceux qui les usurpent persécutent tant qu'ils peuvent ceux qui les défendent. Mais au moins Madame de Pompadour et les ministres devraient m'en savoir quelque gré.

Voici enfin, si vous n'êtes pas lassé de mes remontrances, voici, je crois, le point où tout se termine.

Ne pourriez-vous pas avoir la bonté de représenter à Mme de Pompadour que j'ai précisément les mêmes ennemis qu'elle. Si elle est piquée de ma désertion et si elle me regarde comme un transfuge, il faut rester où je suis si bien; mais si elle croit que je puis être compté parmi ceux qui, dans la littérature, peuvent être de quelque utilité; si elle souhaite que je revienne, ne pourriez-vous pas lui dire que vous connaissez mon attachement pour elle; qu'elle seule pourrait me faire quitter le roi de Prusse; que je n'ai quitté la France que parce que j'y ai été persécuté par ceux qui la haïssent? Il me semble que de telles insinuations employées à propos, et avec cet ascendant que votre esprit doit avoir sur le sien, ne seraient pas sans effet; et si elle ne les goûtait pas, ce serait m'avertir que je dois me tenir auprès du roi de Prusse.

Ce ne sont pas des conditions que je propose, ce sont seulement des essais que je vous supplierais de faire sans vous compromettre, et sans préjudice du voyage que je prétends faire. Je ne suis point un exilé qui demande son rappel, je ne suis point un homme nécessaire qui veut se faire acheter; je suis votre ancien serviteur, votre attaché, qui désire passionnément de vivre auprès de vous, d'une manière convenable et également honorable, pour vous qui me protégez, et pour moi qui quitterais une cour où je n'ai besoin de personne, et où je n'ai rien à craindre, ni des prêtres ni des ministres. Je ne suis point ici dans l'antichambre d'un secrétaire d'Etat, mais dans la chambre de son maître.

Je renoncerai à tout, monseigneur, quand il le faudra. Je vous aime, j'aime ma patrie, j'aime les lettres plus que jamais, et je vais vous parler encore de *Rome sauvée*[1], malgré mes serments.

J'ai fait à cette *Rome* tout ce que j'ai pu, je vous demande en grâce de la protéger, de la faire jouer.

[1] La tragédie de *Catilina* ou *Rome sauvée*. (A. T.)

Vous avez été le parrain de cet enfant-là, ne l'abandonnez pas. Elle réussira si elle est bien jouée, autant qu'un ouvrage un peu austère peut réussir chez des Français. Il est bon que vous fassiez voir à Madame de Pompadour qu'il y a du moins quelque différence entre un ouvrage bien conduit et bien écrit, et la farce allobroge[1] qu'elle a protégée.

Enfin, je mets ma destinée entre vos mains. Ma nièce viendra recevoir vos ordres; elle a avec moi un petit chiffre d'autant plus indéchiffrable qu'il n'a point du tout l'air de mystère. Elle m'instruira avec sûreté de vos volontés. Elle vous fera tenir ce que je pourrai du *Siècle de Louis XIV*. Je suis enchanté que son caractère ait eu le bonheur de vous plaire. Je la regarde comme ma fille. Ma tendresse pour elle, et mon extrême attachement pour vous sont les seules raisons qui puissent me rappeler en France. J'aurai sacrifié quelque temps à la cour d'un grand roi à la nécessité d'amortir l'envie. Je donnerai le reste à l'amitié, si pourtant ce reste peut encore être quelque chose, si mes maux ne me jettent pas enfin dans un état absolument inutile à la société. Je suis menacé d'une vieillesse bien cruelle ou d'une mort prompte.

[1] Le *Catilina* de Crébillon. (A. T.)

En ce cas, je souffrirai mes maux très patiemment, et je mourrai en vous aimant.

Vivez, monseigneur : jouissez longtemps de votre réputation, de vos amis, de votre considération personnelle. Soyez père heureux et heureux grand-père. La philosophie et les belles-lettres amuseront les moments que vous ne donnerez pas aux affaires. Vous aurez longtemps des plaisirs, et vous ferez toujours ceux de la société. Vous serez le seul homme de France dont on parlera dans les pays étrangers. Vous avez des égaux dans les places, vous n'en avez point dans l'estime du monde. Vous avez été à la gloire par tous les chemins.

Adieu, monseigneur; je ne sais si je vaux Saint-Evremond, mais quel plaisant *héros* que son comte de Grammont! et que sont les d'Epernon et les Candale auprès de vous! Adieu, mon *héros*, pour qui je suis pénétré de la plus vive tendresse.

P.-S. Je n'ai point à Potsdam les rogatons[1] de La Mettrie. J'aurai l'honneur de vous les envoyer avec l'*Histoire de Brandebourg*, non pas celle qui est impri-

[1] L'*Homme-machine*, l'*Homme-plante* du médecin-philosophe Offroy de La Mettrie (1709-1751), qui était alors membre de l'Académie de Berlin, où Frédéric lui avait offert un asile.

(A. T.)

mée en Hollande, et où il manque la vie du feu roi, mais celle que le roi m'a donnée, et dont je crois qu'il n'y a plus d'exemplaires. Je vous demanderai le secret sur ce petit envoi. Le volume est trop gros pour en charger le courrier. Cela vaut un peu mieux que les folies incohérentes de La Mettrie. Au reste, il demande s'il peut revenir en France, s'il peut y passer une année sans être recherché. Il prétend que quand on y a passé une année, on peut y rester toute sa vie. Je vous supplie, monseigneur, de vouloir bien me mander *si le vin de Hongrie se gâte sur mer;* s'il ne se gâte pas, La Mettrie partira; s'il se gâte, La Mettrie restera. Il ne vous en coûtera qu'un mot pour décider de sa fortune.

Pardon de ce volume dont je vous ennuie; que ne puis-je vous ennuyer tête-à-tête, et vous dire combien je vous suis attaché!

A M. le comte d'Argental

A Berlin, ce 1er septembre.

Ne m'écrivez jamais, mon divin ange, une lettre aussi cruelle que celle du 20 d'auguste. Vous me rendriez malade de chagrin, vous feriez mon malheur pour ma vie. Je vous écrivis, je vous rendis compte à peu près de tout dans le temps que j'écrivis à ma nièce; mais dans le tumulte de tant de fêtes, dans un déplacement continuel, il arrive trop aisément qu'on vient vous enlever au milieu d'une lettre commencée et prête à cacheter; on remet à la poste suivante, et il n'y a ici que deux postes par semaine; souvent même les lettres d'une poste attendent à Wesel celles de l'autre, afin de faire un paquet plus fort. Ainsi, il ne faut pas s'étonner de recevoir des nouvelles, tantôt de dix, tantôt de vingt jours. Vous devez à présent être au fait; vous devez savoir tout ce que j'ai mandé à ma nièce pour vous, comme vous aurez eu la bonté de lui communiquer ce que je vous ai écrit pour elle. Vous m'accusez de faiblesse; comptez qu'il m'a fallu une étrange force pour me résoudre à achever mes jours loin de vous, et que j'ai été plus longtemps que vous ne pensez à me déterminer. Il n'y a pas d'apparence qu'après la lettre du roi de Prusse, que vous avez vue, je puisse me repentir de m'être attaché à lui; mais certainement je me repentirai toute ma vie de m'être attaché à vous et à vos amis. Il est vrai que je n'aurai pas beaucoup d'autres regrets à dévorer. L'égarement et le goût détestable où le public semble plongé aujourd'hui ne doit pas avoir pour moi de grands charmes. Vous savez d'ailleurs tout ce que j'ai essuyé. Je trouve un port après trente années d'orages. Je trouve la protection d'un roi, la conversation d'un philosophe, les agréments d'un homme aimable, tout cela réuni dans un homme qui veut, depuis seize ans, me consoler de mes malheurs, et me mettre à l'abri de mes ennemis. Tout est à craindre pour moi dans Paris, tant que je vivrai, malgré les protections que j'y ai, malgré mes places et la bonté même du roi. Ici je suis sûr d'un sort à jamais tranquille. Si l'on peut répondre de quelque chose, c'est du caractère du roi de Prusse. J'avais été autrefois fort fâché contre lui, au sujet d'un officier français, condamné cruellement par son père, et dont j'avais demandé la grâce[1]. Je ne savais pas que cette

[1] Voir dans le *Commentaire historique* de Voltaire, les vers qu'il adressa à Frédéric II pour obtenir de lui la délivrance de

grâce avait été accordée. Le roi de Prusse fait de très belles actions sans en avertir son monde. Il vient d'envoyer cinquante mille francs, dans une petite cassette fort jolie, à une vieille dame de la cour que son père avait condamnée à l'amende autrefois d'une manière tout à fait turque. On rappela, il y a quelque temps, de cette ancienne injustice despotique du feu roi. Il ne voulut ni flétrir la mémoire de son père, ni laisser subsister ce tort. Il choisit exprès une terre de cette dame, pour y donner ce beau spectacle d'un combat de dix mille hommes, espèce de spectacle digne du vainqueur de l'Autriche; il prétendit que, pendant la pièce, on avait coupé une haie dans la terre de la dame en question. On ne lui avait pas abattu une branche; mais il s'obstina à dire qu'il y avait eu du dégât, et envoya les cinquante mille francs pour le réparer. Mon cher et respectable ami, comment sont donc faits les grands hommes si celui-là n'en est pas un? Je ne vous en regrette pas moins, je ne suis pas moins affligé; je ne viendrai en France que pour vous y voir. Mon cœur ne donnera jamais la préférence au roi de Prusse, et, si je suis obligé de

cet officier, vieux gentilhomme Franc-Comtois, *sans oreilles et sans nez*, que Frédéric-Guillaume Ier avait fait enfermer dans la citadelle de Spandau.

vivre davantage auprès de lui, vous serez toujours les premiers dans mon souvenir. Il part pour la Silésie; je resterai chez lui pendant son absence pour quelques arrangements littéraires. Je ne sais plus quand je contenterai ma fantaisie de voir Venise, Herculanum, Saint-Pierre et le pape; mais si je vais voir ces raretés, ce sera en postillon. Rien n'est meilleur pour la santé. Je vous jure que vous accourcirez mon voyage. Ecrivez-moi, je vous en prie, à Berlin, jusqu'à ce que je vous informe de mon départ. Je vous ai déjà mandé que je n'avais ici ni *Zulime*, ni *Adélaïde*, mais j'ai *Aurélie*[1]. Le roi de Prusse est de votre avis; il trouve que *Rome sauvée* est ce que j'ai fait de plus fort. Ce serait une raison pour faire tomber à Paris cette pièce, et pour faire dire à la cour que cela n'approche pas de la belle pièce de *Catilina*, imprimée au Louvre[2]. Mille tendres respects à Mme d'Argental, à votre famille, à vos amis. Soit que je voie Rome ou non, je vous embrasserai sûrement cet hiver, avant de repartir pour Berlin. Donnez-moi, je vous en conjure, des nouvelles de Mme d'Argental. Adieu, encore une fois; quand je vous parlerai, vous me direz que j'ai raison.

[1] C'est *Catilina* ou *Rome sauvée*. (A. T.)

[2] Celle de Crébillon. (A. T.)

A propos, vous me reprochez de faire avec joie des portraits flatteurs à ma nièce; voudriez-vous que je la dégoûtasse et que je me privasse de la consolation de vivre à Berlin avec elle, et d'y parler de vous? Voudriez-vous que je fusse insensible aux fêtes de Lucullus et aux vertus de Marc-Aurèle?

A Madame Denis

Berlin, 12 septembre.

Qui donc peut vous dire que Berlin est ce qu'était Paris du temps de Hugues Capet? Je vous prie seulement, ma chère enfant, d'aller voir votre ancienne paroisse, l'église de Saint-Barthélemy, où vous n'avez, je crois, jamais été. C'était là le palais de ce Hugues. Le portail subsiste encore dans toute sa barbarie. Venez, après cela, voir la salle d'Opéra de Berlin.

Je voudrais que vous eussiez été au carrousel dont je vous ai déjà dit un petit mot; remarquez en passant qu'on ne donne plus de carrousel à présent ailleurs qu'ici. Si vous aviez vu le prince royal de Prusse, avec sa mine noble et douce, habillé en consul romain, couper des têtes de Maures et enfiler des bagues, vous l'auriez pris pour le jeune Scipion. Il est sûr que les peintres qui s'avisent de peindre la continence de Scipion, ne le prendront pas pour modèle. Vous l'auriez peut-être prié de vous faire violence si vous l'aviez vu dans ce bel équipage. Nous avons eu deux fois ce carrousel, une aux flambeaux et l'autre en plein jour; ensuite nous avons joué *Rome sauvée* sur un petit théâtre assez joli, que j'ai fait construire dans l'antichambre de la princesse Amélie. Moi qui vous parle j'ai joué Cicéron. J'aurais bien voulu que le marquis d'Adhémar eût été là en César, et que M. de Thibouville eût joué un rôle de Catilina; mais on ne peut pas tout avoir.

Nous avons eu l'opéra d'*Iphigénie en Aulide*. Quinault n'a plus à se plaindre; Racine a encore été plus maltraité que lui. Je vous avouerai, si vous voulez, que les vers des opéras qu'on donne ici sont dignes du temps de Hugues Capet; mais, en vérité, Berlin est un petit Paris. Il y a de la médisance, de la tracasserie, des jalousies de femmes, des jalousies d'auteurs, et jusqu'à des brochures. J'attends avec impatience ce que vous et Versailles vous déciderez sur ma destinée et ce que vous direz de la lettre du roi de Prusse.

J'ai écrit à notre cher d'Argental. J'ai dit à Algarotti que nous avions lu ensemble à Paris son *Congresso di Citera*. Il en est flatté. Vous savez que les Italiens ont été les premiers maîtres en amour, quand ils ont fait revivre les beaux-arts; mais nous le leur avons bien rendu. Adieu, je n'ai pas un moment, et je vous embrasse en courant.

A M. le comte d'Argental

A Berlin, ce 14 septembre.

Vous devez, mon cher et respectable ami, avoir reçu plusieurs lettres de moi, et Mme Denis doit vous en avoir rendu une; elle doit vous avoir dit que je vous sacrifie le pape; mais, pour le roi de Prusse, cela est impossible. Je n'irai point en Italie cet automne, comme je l'avais projeté. Je viendrai vous voir au mois de novembre. J'aurai la consolation de passer l'hiver avec vous et je reverrai souvent ma patrie, parce que vous y demeurez. J'ai remis mon voyage d'Italie à un an, et je vous embrasserai par conséquent dans un an. Ces points de vue là sont bien agréables, et les voyages sont charmants quand on vous retrouve au bout. L'Italie et le roi de Prusse sont chez moi une vieille passion qu'il faut satisfaire; mais je ne peux traiter Frédéric-le-Grand comme le Saint-Père. Je ne peux le voir en passant. Je vous répète encore que vous approuverez mes raisons; oui, vous me plaindrez de m'être séparé de vous, et vous ne pourrez me condamner. Je ne sais comment vont les tracasseries de Le Kain. Pour nous, nous jouons ici *Rome sauvée* sans tracasserie; je gronde comme je faisais à Paris, et tout va bien. Nous avons déjà fait trois répétitions; j'essaierai le rôle d'Aurélie, et au mois de novembre vous en jugerez. Je retrouverai mon petit théâtre; nous tâcherons d'amuser Madame d'Argental. Tout ce tracas-là fait du bien à la santé. Voyager et jouer la comédie vaut presque les pilules de Stahl. Qu'est-ce que trois ou quatre cents lieues? bagatelle! Voyez les Romains, ces anciens maîtres de nous autres barbares, ils couraient de Rome en Afrique, au fond des Gaules, dans l'Asie; c'était une promenade. Nous nous effrayons d'aller à dix lieues. Les Parisiens sont de francs sybarites. Vive le roi de Prusse, il va à Kœnigsberg comme vous allez à Neuilly; mais, mes anges, de tous ces voyages, les plus gais seront ceux que je ferai pour vous. Messieurs de Neuilly, je suis à vous pour la vie. Mandez-moi donc des nouvelles de la santé de Mme d'Argental.

Adieu, adieu, aimez-moi toujours, je vous en prie.

Au même

A Berlin, ce 23 de septembre.

Mon cher et respectable ami, vous m'écrivez des lettres qui me percent l'âme et qui l'éclairent. Vous dites tout ce qu'un sage peut dire sur des rois; mais je maintiens mon roi une espèce de sage. Il n'est pas un d'Argental; mais, après vous, il est ce que j'ai vu de plus aimable. Pourquoi donc, me dira-t-on, quittez-vous M. d'Argental pour lui? Ah! mon cher ami, ce n'est pas vous que je quitte, ce sont les petites cabales et les grandes haines, les calomnies, les injustices, tout ce qui persécute un homme de lettres dans sa patrie. Je la regrette sans doute cette patrie, et je la reverrai bientôt. Vous me la ferez toujours aimer, et d'ailleurs je me regarderai toujours comme le sujet et comme le serviteur du roi. Si j'étais bon Français

à Paris, à plus forte raison le suis-je dans les pays étrangers. Comptez que j'ai prévenu vos conseils et que jamais je n'ai mieux mérité votre amitié ; mais je suis un peu comme *Chie-en-pot-la-perruque*. Vous ne savez peut-être pas son histoire ; c'était un homme qui quitta Paris parce que les petits garçons couraient après lui. Il alla à Lyon par la diligence, et en descendant il fut salué d'une huée de polissons. Voilà à peu près mon cas. D'Arnaud fait ici des chansons pour les filles, et on imprime dans les gazettes : *Chanson de l'illustre Voltaire pour l'auguste princesse Amélie.* Un chambellan de la princesse de Bareith, bon catholique, ayant la fièvre et le transport au cerveau, croit demander un lavement ; on lui apporte le viatique et l'extrême-onction ; il prend le prêtre pour un apothicaire, ... et de rire. Une façon de secrétaire, que j'ai amené avec moi, espèce de rimailleur, fait des vers sur cette aventure, et on imprime : *Vers de l'illustre Voltaire* . . . .
. . . . Ainsi, je porte glorieusement les péchés de d'Arnaud et de Tinois ; mais, malheureusement, j'ai peur que les mauvais vers de Tinois, portés par la beauté du sujet, ne parviennent à Paris et ne causent du scandale. J'ai grondé vivement le poète, et je vous prie, si cette sottise

parvient dans le pays natal de ces fadaises, de détruire la calomnie; car, quoique les vers aient l'air à peu près d'être faits par un laquais, il y a d'honnêtes gens qui pourraient bien me les imputer, et cela n'est pas juste. Il faut que chacun jouisse de son bien. Franchement, il y aurait de la cruauté à m'imputer des vers scandaleux, à moi qui suis, à mon corps défendant, un exemple de sagesse dans ce pays-ci. Protestez donc, je vous en prie, dans le grand livre de Madame Doublet[1], contre les impertinents qui m'attribueraient ces impertinences. Je vous écris un peu moins sérieusement qu'à mon ordinaire; c'est que je suis plus gai. Je vous reverrai bientôt, et je compte passer ma vie entre Frédéric, le modèle des rois, et vous, le modèle des hommes. On est à Paris en trois semaines, et on travaille chemin faisant; on ne perd point son temps. Qu'est-ce que trois semaines dans une année? Rien n'est plus sain que d'aller. Vous m'allez dire que c'est une chimère; non, croyez tout d'un homme qui vous a sacrifié le pape.

Nous jouâmes avant-hier *Rome sauvée;* le roi était encore en Silésie. Nous avions une compagnie choisie; nous jouâmes pour nous réjouir. Il y a ici un

[1] C'est chez elle que se rédigeaient les *Nouvelles à la main.* (A. T.)

ambassadeur anglais qui sait par cœur les *Catilinaires*. Ce n'est pas milord Tirconel, c'est l'envoyé d'Angleterre. Il m'a fait de très beaux vers anglais sur *Rome sauvée;* il dit que c'est mon meilleur ouvrage. C'est une vraie pièce pour des ministres; Mme la chancelière en est fort contente; nos d'Aguesseau aiment ici la comédie en réformant les lois. Adieu, je suis un bavard. Je vous aime de tout mon cœur.

A Madame de Fontaine[1], *à Paris*

A Berlin, 23 septembre.

Quand vous vous y mettez, ma chère nièce, vous écrivez des lettres charmantes, et vous êtes, en vérité, une des plus aimables femmes qui soient au monde. Vous augmentez mes regrets; vous me faites sentir toute l'étendue de mes pertes. J'aurais joui avec vous d'une société délicieuse; mais enfin j'espère que malheur sera bon à quelque chose. Je pourrai être plus

[1] Nièce de Voltaire, sœur de Mme Denis et de l'abbé Mignot. (A. T.)

utile à votre frère ici qu'à Paris. Peut-être qu'un roi hérétique protégera un prédicateur catholique. Tous chemins mènent à Rome, et puisque *Mahomet* m'a si bien mis avec le pape, je ne désespère pas qu'un huguenot ne fasse du bien au prédicateur des carmélites.

Quand je vous dis, mon aimable nièce, que tous chemins mènent à Rome, ce n'est pas qu'ils m'y mènent. J'avais la rage de voir cette Rome et ce bon pape que nous avons; mais vous et votre sœur vous me rappelez en France. Je vous sacrifie le Saint-Père. Je voudrais de même pouvoir vous faire le sacrifice du roi de Prusse; mais il n'y a pas moyen. Il est aussi aimable que vous; il est roi, mais c'est une passion de seize ans; il m'a tourné la tête. J'ai eu l'insolence de penser que la nature m'avait fait pour lui. J'ai trouvé une conformité si singulière entre tous ses goûts et les miens, que j'ai oublié qu'il était souverain de la moitié de l'Allemagne, que l'autre tremblait à son nom; qu'il avait gagné cinq batailles; qu'il était le plus grand général de l'Europe; qu'il était entouré de grands diables de héros hauts de six pieds: tout cela m'aurait fait fuir à mille lieues, mais le philosophe m'a apprivoisé avec le monarque, et je n'ai vu en lui qu'un grand homme bon et sociable. Tout le monde me reproche qu'il a fait pour d'Arnaud des vers qui ne sont pas ce qu'il a fait de mieux ; mais songez qu'à quatre cents lieues de Paris il est bien difficile de savoir si un homme qu'on lui recommande a du mérite ou non ; de plus, c'est toujours des vers, et, bien ou mal appliqués, ils prouvent que le vainqueur de l'Autriche aime les belles-lettres que j'aime de tout mon cœur. D'ailleurs d'Arnaud est un bon diable qui, par-ci, par-là, ne laisse pas de rencontrer de bonnes tirades. Il a du goût, il se forme, et s'il arrive qu'il se déforme, il n'y a pas grand mal. En un mot, la petite méprise du roi de Prusse n'empêche pas qu'il soit le plus aimable et le plus singulier des hommes.

Le climat n'est pas si dur qu'on se l'imagine. Vous autres, Parisiennes, vous pensez que je suis en Laponie ; sachez que nous avons eu un été aussi chaud que le vôtre, que nous avons mangé de bonnes pêches et de bons muscats ; et que, pour trois ou quatre degrés de soleil de plus ou de moins, il ne faut pas traiter les gens de haut en bas.

Vous voyez jouer chez moi à Paris des *Mahomet*, mais moi je joue à Berlin des *Rome sauvée*, et je suis le plus enroué Cicéron que vous ayez vu. D'ailleurs, mon aimable enfant, digérons ; voilà le grand point. Ma santé est à peu près comme elle était à Paris, et quand j'ai la colique, j'envoie promener tous les rois de l'univers. J'ai renoncé à ces divins soupers, et je m'en trouve un peu mieux. J'ai une grande obligation au roi de Prusse; il m'a donné l'exemple de la sobriété. Quoi! ai-je dit, voilà un roi né gourmand, qui se met à table sans manger et qui y est de bonne compagnie, et moi je me donnerais des indigestions comme un sot!

Que je vous plains, vous qui êtes au lait, qui quittez votre ânesse pour Forges, qui mangez comme un moineau, et qui, avec cela, n'avez point de santé! Dédommagez-vous donc ailleurs. On dit qu'il y a d'autres plaisirs.

Adieu; mes compliments à tout le monde. J'espère au mois de novembre vous embrasser très tendrement. J'écris à votre sœur, mais je veux que vous lui disiez que je l'aimerai toute ma vie, et même plus que mon nouveau maître.

A Madame Denis, à Paris

A Potsdam, 13 octobre.

Nous voilà dans la retraite de Potsdam ; le tumulte des fêtes est passé, mon âme en est plus à son aise. Je ne suis pas fâché de me trouver auprès d'un roi qui n'a ni cour ni conseil. Il est vrai que Potsdam est habité par des moustaches et des bonnets de grenadiers ; mais, Dieu merci, je ne les vois point. Je travaille paisiblement dans mon appartement au son du tambour. Je me suis retranché les dîners du roi ; il y a trop de généraux et trop de princes. Je ne pouvais m'accoutumer à être toujours vis-à-vis d'un roi en cérémonie, et à parler en public. Je soupe avec lui en plus petite compagnie. Le souper est plus court, plus gai et plus sain. Je mourrais au bout de trois mois, de chagrin et d'indigestion, s'il fallait dîner tous les jours avec un roi en public.

On m'a cédé, ma chère enfant, en bonne forme, au roi de Prusse. Mon mariage est donc fait ; sera-t-il heureux ? Je n'en sais rien. Je n'ai pas pu m'empêcher de dire *oui*. Il fallait bien finir par ce mariage, après des coquetteries de tant d'années. Le cœur m'a palpité à l'autel. Je compte venir, cet hiver prochain, vous rendre compte de tout, et peut-être vous enlever. Il n'est plus question de mon voyage d'Italie. Je vous ai sacrifié sans remords le Saint-Père et la ville souterraine; j'aurais dû peut-être vous sacrifier Potsdam. Qui m'aurait dit, il y a sept ou huit mois, quand j'arrangeais ma maison avec vous à Paris, que je m'établirais à trois cents lieues dans la maison d'un autre? Et cet autre est un maître. Il m'a bien juré que je ne m'en repentirais pas; il vous a comprise, ma chère enfant, dans une espèce de contrat qu'il a signé avec moi, et que je vous enverrai; mais viendrez-vous gagner votre douaire de quatre mille livres?

J'ai bien peur que vous ne fassiez comme Mme de Rothembourg, qui a toujours préféré les opéras de Paris à ceux de Berlin. O destinée! comme vous arrangez les événements, et comme vous gouvernez les pauvres humains!

Il est plaisant que les mêmes gens de lettres de Paris, qui auraient voulu m'*exterminer*, il y a un an, crient actuellement contre mon éloignement et l'appellent désertion. Il me semble qu'on soit fâché d'avoir perdu sa victime. J'ai très mal fait de vous quitter, mon cœur me le dit tous les jours plus que vous ne le pensez; mais j'ai très bien fait de m'éloigner de ces messieurs-là.

Je vous embrasse avec tendresse et avec douleur.

A M. le comte d'Argental

A Potsdam, 15 octobre.

Mon cher ange, il faut que je fasse ici une petite réflexion. Vous me battez en ruine sur trois cents lieues, et je vous ai vu sur le point d'en faire deux mille; et assurément vous n'auriez pas trouvé, au bout de vos deux mille, ce que je trouve au bout de mes trois cents. Vous ne seriez pas revenu sur une de mes lettres, comme je reviens sur les vôtres; vous n'auriez pas voyagé de l'autre monde à Paris, comme je voyagerai pour vous. Croyez, mes anges, qu'il me sera plus aisé de venir vous voir, qu'il ne me l'a été de me transplanter. Je me tiens en haleine pour vous. Je viens de jouer la *Mort de César*. Nous avons déterré un très bon acteur dans le prince Henri, l'un des frères du roi. Nous bâtissons ici des théâtres aussi aisément que leur frère aîné gagne des batailles et fait des vers. *Chie-en-pot-la-perruque* est ici plus content, plus fêté, plus accueilli, plus honoré, plus caressé qu'il ne le mérite.

. . . . *Nisi quod non simul esses, cætera lætus.*

Il vous apportera bientôt des gouttes d'Hoffmann, des pilules de Stahl. Si mon voyage contribuait à la santé de Mme d'Argental et de vos amis, ne serais-je pas le plus heureux des hommes? L'aventure de Le Kain et des évêques ne contribue pas peu à me faire aimer la France. Je vous réponds que le roi mon maître approuve infiniment le roi mon maître. On ne sait guère dans mon nouveau pays ce que c'est que des évêques; mais on y est charmé d'apprendre que, dans mon ancien pays, on met à la raison des personnes assez sacrées pour croire ne rien devoir à l'Etat dont elles ont tout reçu, et mon ancienne cour sait combien elle est approuvée de ma nouvelle cour. Je ne sais pas, mon cher et respectable ami, d'où peut venir le bruit qui s'est répandu qu'il était entré un peu de dépit dans ma transmigration. Il s'en faut bien que j'y aie donné le moindre sujet; le contraire respire dans toutes les lettres que j'ai écrites à tous ceux qui pouvaient en abuser.

J'ai cru avoir des raisons bien fortes de me transplanter. Je mène d'ailleurs une vie solitaire et occupée, qui convient à la fois à ma santé et à mes études. De mon cabinet je n'ai que trois pas à faire pour souper avec un homme plein d'esprit, de grâces, d'imagination, qui est le lien de la société, et qui n'a d'autre malheur que d'être un très grand et très puissant roi. Je goûte le plaisir de lui être utile dans ses études, et j'en prends de nouvelles forces pour diriger les miennes. J'apprends, en le corrigeant, à me corriger moi-même. Il semble que la nature l'ait fait exprès pour moi; enfin, toutes mes heures sont délicieuses. Je n'ai pas trouvé le moindre bout d'épine dans mes roses. Eh bien! mon cher ami, avec tout cela, je ne suis pas heureux, et je ne le serai point; non, je ne le serai point, et vous en êtes cause. J'ai bien encore un autre chagrin, mais ce sera pour notre entrevue; le bonheur de vous revoir l'adoucira. Si je vous en parlais à présent, je m'attristerais sans consolation. Je ne veux vous montrer mes blessures que quand vous y verserez du baume.

Préparez-vous à voir encore *Rome sauvée* sur notre petit théâtre du grenier. Je me soucie fort peu de celui du faubourg Saint-Germain. Adieu, vous qui me tenez lieu de public, vous que j'aimerai tendrement toute ma vie. Adieu, vous que je n'ai pu quitter que pour Frédéric-le-Grand. Mille tendres respects au bois de Boulogne[1].

[1] Le marquis d'Adhémar. (A. T.)

Au marquis de Thibouville[1]

A Potsdam, ce 24 octobre.

Non-seulement je suis un transfuge, mon cher *Catilina*, mais j'ai encore tout l'air d'être un paresseux. Je m'excuserai d'abord sur ma paresse envers vous, disant que j'ai travaillé à *Rome sauvée*, que je me suis avisé de faire un opéra italien de la tragédie de *Sémiramis*, que j'ai corrigé presque tous mes ouvrages, et tout cela sans compter le temps perdu à apprendre le peu d'allemand qu'il faut pour n'être pas *à quia* en voyage, chose assez difficile à mon âge. Vous trouverez fort ridicule et moi aussi, qu'à cin-

[1] Henri de Lambert d'Exbigny, marquis de Thibouville, ancien colonel du régiment de la reine-dragons, auteur de quelques romans et de deux tragédies, *Ramir* et *Thélamire*. Il se piquait de dire parfaitement les vers. Il était de la société de d'Argental. (A. T.)

quante-six ans l'auteur de la *Henriade* s'avisa de vouloir parler allemand à des servantes de cabarets ; mais vous me faites des reproches un peu plus vifs que je ne mérite assurément pas. Ma transmigration a coûté beaucoup à mon cœur. Mais elle a des motifs si raisonnables, si légitimes, et, j'ose le dire, si respectables, qu'en me plaignant de n'être plus en France, personne ne peut m'en blâmer. J'espère avoir le bonheur de vous embrasser vers la fin de novembre. *Catilina* et le *Duc d'Alençon* se recommanderont à vos bonnes grâces dans mon grenier, et les nouveaux rôles de *Rome sauvée* arriveront à ma nièce dans peu de temps. Je n'attends qu'une occasion pour les lui faire parvenir. Comment puis-je mieux mériter ma grâce auprès de vous que par deux tragédies et un théâtre ? Nous étions faits pour courir les champs ensemble comme les anciens troubadours. Je bâtis un théâtre, je fais jouer la comédie partout où je me trouve, à Berlin, à Potsdam. C'est une chose plaisante d'avoir trouvé un prince et une princesse de Prusse[1], tous deux de la taille de Mlle Gaussin[2], déclamant sans aucun accent et avec beaucoup de grâce. Mlle Gaussin est, à la vérité, supérieure à la princesse.

[1] Le prince Henri et la princesse Amélie. (A. T.)
[2] Célèbre actrice. (A. T.)

Mais celle-ci a de grands yeux bleus qui ne laissent pas d'avoir leur mérite. Je me trouve ici en France. On ne parle que notre langue. L'allemand est pour les soldats et les chevaux; il n'est nécessaire que pour la route. En qualité de bon patriote, je suis un peu flatté de voir ce petit hommage qu'on rend à notre patrie à trois cents lieues de Paris. Je trouve des gens élevés à Kœnigsberg qui savent mes vers par cœur, qui ne sont point jaloux, qui ne cherchent point à me faire des niches.

A l'égard de la vie que je mène auprès du roi, je ne vous en ferai point le détail. C'est le paradis des philosophes. Cela est au-dessus de toute expression. C'est César, c'est Marc-Aurèle, c'est Julien, c'est quelquefois l'abbé de Chaulieu, avec qui on soupe; c'est le charme de la retraite, c'est la liberté de la campagne avec tous les petits agréments de la vie qu'un seigneur de château qui est roi peut procurer à ses très humbles convives. Pardonnez-moi donc, mon cher *Catilina*, et croyez que quand je vous aurai parlé, vous me pardonnerez bien davantage. Dites à *César*[1] les choses les plus tendres. Gardez avec

[1] Le marquis d'Adhémar, qui avait rempli le rôle de César dans *Rome sauvée.* Elle avait été représentée au petit théâtre que Voltaire avait fait monter dans sa propre maison, rue Traversière.

César un secret inviolable, cela est de conséquence. Bonsoir, je vous embrasse tendrement.

A M. le comte d'Argental

A Potsdam, ce 27 octobre.

Mon historiographie est donnée[1], mes anges; Madame de Pompadour, qui me l'écrit, me mande en même temps que le roi a la bonté de me conserver une ancienne pension de deux mille livres. Je n'ai que des grâces à rendre. Le bien que je dis de ma patrie en sera moins suspect; n'étant plus historiographe, je n'en serai que meilleur historien. Les éloges que le chambellan du roi de Prusse donnera au roi de France ne seront que la voix de la vérité. Mon cher et respectable ami, voici le temps où il ne faut plus faire que de la prose. Un vieux poète, un vieil amant, un vieux chanteur et un vieux cheval, ne valent rien. Il vous reviendra *Rome sauvée*, *Zulime*,

[1] A Duclos, l'auteur des *Considérations sur les mœurs*.

(A. T.)

Adélaïde. Cela est bien honnête, et je viendrai prendre congé sur le théâtre de mon grenier. J'espère que Mme d'Argental viendra nous entendre. Mes derniers travaux seront pour mes anges. Je voudrais déjà être auprès de vous ; je voudrais me consoler avec vous de mon bonheur. Pourquoi faut-il que je sois si heureux à Potsdam quand vous êtes à Paris ? Pourquoi tous les êtres pensants et bien pensants, les gens de goût, les bons cœurs ne font-ils pas un petit peloton dans quelque coin de ce monde ? Quand vous reverrai-je ? Il n'y a pas moyen de se mettre en route dans le terrain fangeux de l'Allemagne. On ne se tire pas des boues dans ce temps-ci, surtout dans les abominables campagnes de la Westphalie ; il faudra absolument attendre les gelées, alors on va comme le vent du nord, et on n'a jamais froid ; car on est tout fourré dans son carrosse, et on ne descend que dans des étuves. Il ne fait froid qu'en France en hiver, parce qu'on y oublie au mois de juin qu'il y aura un mois de décembre.

Je ne vous oublierai jamais, mes anges, dans aucun mois de l'année, dans aucun lieu de la terre ; mais encore une fois et cent fois, je n'ai pu ni dû refuser les bontés du roi de Prusse. Je vois tous les jours des gens qui s'en vont au diable pour de bien moins fortes raisons. Non-seulement on les approuve, mais on les regarde comme des gens favorisés de la fortune. Or, je vous jure qu'il n'y a aucune comparaison à faire de mon état à celui de tous ceux qui s'expatrient pour aller dire : *le roi mon maître*. Comptez que j'ai toutes sortes de raisons et que je n'ai qu'un seul chagrin ; je n'ai aussi qu'un seul désir. Tout cela sera tiré au clair au mois de décembre, et s'il gelait plus tôt, je partirais plus tôt. Moi qui redoutais tant le vent du nord, je l'invoque à présent, comme les poètes grecs invoquaient le zéphyr. Que faites-vous cependant ? Avez-vous reçu Le Kain ? Y a-t-il bien des tracasseries à la Comédie ? Applaudit-on toujours les sottises qui ont l'air de l'esprit ? Joue-t-on des opéras détestables ? Fait-on de mauvaises chansons ? Qui est-ce qui fait un plat discours à l'Académie, en succédant à Gilles le philosophe ? Duclos n'est-il pas historiographe ? Mlle Dumesnil boit-elle toujours pinte ? En perd-elle sa santé et son talent ? Mlle Gaussin croit-elle toujours être grande tragique ? A-t-elle quelque notaire ou quelque prince ? Adieu, adieu, mes anges ; aimez-moi toujours un peu.

A Madame Denis

A Potsdam, 28 octobre.

Je ne sais pas pourquoi le roi me prive de la place d'historiographe de France et qu'il daigne me conserver le brevet de son gentilhomme ordinaire; c'est précisément parce que je suis en pays étranger que je suis plus propre à être historien; j'aurais moins l'air de la flatterie; la liberté dont je jouis donnerait plus de poids à la vérité. Ma chère enfant, pour écrire l'histoire de son pays, il faut être hors de son pays.

Me voilà donc à présent à deux maîtres. Celui qui a dit qu'on ne peut servir deux maîtres à la fois, avait assurément bien raison; aussi pour ne point le contredire, je n'en sers aucun. Je vous jure que je m'enfuirais s'il fallait remplir les fonctions de chambellan, comme dans les autres cours. Ma fonction est de ne rien faire. Je jouis de mon loisir. Je donne une heure par jour au roi de Prusse pour arrondir un peu ses ouvrages de prose et de vers. Je suis son grammairien, et point son chambellan. Le reste du jour est à moi, et la journée finit par un souper agréable. Il arrivera qu'en dépit des titres dont je ne fais nul cas, je n'exercerai point du tout la chambellanie, et que j'écrirai l'histoire.

J'ai apporté ici heureusement tous mes extraits sur Louis XIV. Je ferai venir de Leipsick les livres dont j'aurai besoin et je finirai ici ce *Siècle de Louis XIV*, que, peut-être, je n'aurais jamais fini à Paris. Les pierres dont j'élevais ce monument à l'honneur de ma patrie, auraient servi à m'écraser. Un mot hardi eût paru une licence effrénée; on aurait interprété les choses les plus innocentes avec cette charité qui empoisonne tout. Voyez ce qui est arrivé à Duclos après son *Histoire de Louis XI*. S'il est mon successeur en *historiographie*, comme on le dit, je lui conseille de n'écrire que quand il fera, comme moi, un petit voyage hors de France.

Je corrige à présent la seconde édition que le roi de Prusse va faire de l'histoire de son pays. Un auteur comme celui-là peut dire ce qu'il veut sans sortir de sa patrie. Il use de ce droit dans toute son étendue. Figurez-vous que, pour avoir l'air plus impartial, il tombe sur son grand-père de toutes ses forces. J'ai rabattu les coups tant que j'ai pu. J'aime un peu ce grand-père[1], parce qu'il était magnifique et

[1] Frédéric Ier (1657-1713). (A. T.)

qu'il a laissé de beaux monuments. J'ai eu bien de la peine à faire adoucir les termes dans lesquels le petit-fils reproche à son aïeul la vanité de s'être fait roi ; c'est une vanité dont ses descendants retirent des avantages assez solides, et le titre n'en est point du tout désagréable. Enfin je lui ai dit : C'est votre grand-père, ce n'est pas le mien ; faites-en tout ce que vous voudrez ; et je me suis réduit à éplucher des phrases. Tout cela amuse et rend la journée pleine ; mais, ma chère enfant, ces journées se passent loin de vous. Je ne vous écris jamais sans regrets, sans remords et sans amertume.

A la même

A Potsdam, 6 novembre.

On sait donc à Paris, ma chère enfant, que nous avons joué à Potsdam la *Mort de César*, que le prince Henri est bon acteur, n'a point d'accent, et est très aimable, et qu'il y a ici du plaisir ? Tout est vrai ;.... mais..... les soupers du roi sont délicieux ; on y parle raison, esprit, science; la liberté y règne, il est l'âme de tout cela. Point de mauvaise humeur, point de nuages, du moins point d'orages. Ma vie est libre et occupée; mais..... mais..... opéras, comédies, carrousels, soupers à Sans-Souci, manœuvres de guerres, concerts, études, lectures; mais..... mais..... la ville de Berlin, grande, bien mieux percée que Paris, palais, salles de spectacle, reines affables, princesses charmantes, filles d'honneur belles et bien faites, la maison de Mme de Tirconel toujours pleine et souvent trop;..... mais..... mais...., ma chère enfant, le temps commence à se mettre à un beau froid.

Je suis en train de dire des *mais*, et je vous dirai, mais il est impossible que je parte avant le 15 de décembre. Vous ne douterez pas que je ne brûle d'envie de vous voir, de vous embrasser, de vous parler. Ma rage de voir l'Italie n'approche pas des sentiments qui me rappellent à vous; mais, mon enfant, accordez-moi encore un mois; demandez cette grâce pour moi à M. d'Argental, car je dis toujours au roi de Prusse que, quoique je sois un chambellan, je n'en appartiens pas moins à vous et à ce M. d'Argental. Mais est-il vrai que notre *Isaac* d'Argens[1] est allé se confiner

[1] Homme de lettres et d'aventures (1704-1771). Ses *Lettres juives, chinoises et cabalistiques* le firent accueillir à la cour de

à Monaco avec sa femme, qui est grande virtuose? Il y a là un petit grain de folie ou une grande dose de philosophie. Il ferait bien de venir ici augmenter notre colonie.

Maupertuis n'a pas les ressorts bien liants; il prend mes dimensions durement avec son quart de cercle. On dit qu'il entre un peu d'envie dans ses problèmes. Il y a ici, en récompense, un homme trop gai, c'est La Mettrie. Ses idées sont un feu d'artifice toujours en fusées volantes. Ce fracas amuse un demi quart-d'heure et fatigue mortellement à la longue. Il vient de faire, sans le savoir, un mauvais livre[1], imprimé à Potsdam, dans lequel il proscrit la vertu et les remords, fait l'éloge des vices, invite son lecteur à tous les désordres, le tout sans mauvaise intention. Il y a, dans son ouvrage, mille traits de feu et pas une demi-page de raison; ce sont des éclairs dans une nuit. Des gens sensés se sont avisés de lui remontrer l'énormité de sa morale. Il a été tout étonné; il ne savait pas ce qu'il avait écrit; il écrira demain le contraire si on veut. Dieu me garde de le prendre pour mon médecin! Il me donnerait du sublimé corrosif au lieu de

Frédéric II, où il devint chambellan, directeur-général des belles-lettres de l'Académie, et favori. (A. T.)

[1] L'*Homme-plante*. (A. T.)

rhubarbe, très innocemment, et puis se mettrait à rire. Cet étrange médecin est lecteur du roi, et ce qu'il y a de bon, c'est qu'il lui lit à présent l'*Histoire de l'Eglise*. Il en passe des centaines de pages, et il y a des endroits où le monarque et le lecteur sont prêts à étouffer de rire.

Adieu, ma chère enfant; on veut donc jouer à Paris *Rome sauvée?* mais..... mais..... Adieu; je vous embrasse de tout mon cœur.

A M. le comte d'Argental

A Potsdam, ce 14 novembre.

Chie-en-pot-la-Perruque a été fidèle à sa destinée, et il est juste qu'il vous dise que les petits garçons courent toujours après lui. Vous saurez, mon cher ange, que j'ai eu le malheur d'inspirer à mon élève d'Arnaud la plus noble jalousie. Cet illustre rival était arrivé ici, recommandé par le sage d'Argens, et attendu comme celui qui consolait Paris de ma *décadence*. Il arriva donc par le coche, tout seul de sa bande, et se donna pour un seigneur qui avait perdu sur les chemins ses titres de noblesse, ses poésies et les portraits de ses maîtresses, le tout enfermé dans un bonnet de nuit.

Il fut un peu fâché de n'avoir que quatre mille huit cents livres d'appointements, de ne point souper avec le roi, de ne point coucher avec les filles d'honneur; et enfin, quand il me vit arriver, il fut désespéré, quoique, en vérité, je n'aie pas plus les bonnes grâces des filles d'honneur que lui; mais le roi me traite avec des bontés distinguées; mais *Rome sauvée* a été très bien reçue, et son *Mauvais riche* assez mal. Il a fait de mauvais vers pour des filles, et comme les gazetiers, qui ont du goût, les avaient imprimés comme de bons vers de ma façon adressés à la princesse Amélie, quel parti a pris mon Baculard d'Arnaud? Mon Baculard a voulu aussi désavouer une mauvaise *Préface*, qu'il avait voulu mettre au-devant d'une mauvaise édition qu'on a faite à Rouen de mes ouvrages. Il ne savait pas que j'avais expressément défendu qu'on fît usage de cette rapsodie dont, par parenthèse, j'ai l'original écrit et signé de sa main. Il s'adresse donc à mon cher ami Fréron; il lui mande que je l'ai perdu à la cour, que j'ai mis en usage une politique profonde pour le perdre dans l'esprit du roi; que j'ai ajouté à sa *Préface* des choses horribles contre la France; et, qu'en un mot, il prie l'illustre Fréron d'annoncer au public qui a les yeux sur Baculard, qu'il se lave les mains de cet ouvrage. Les regrattiers de nouvelles littéraires, qui écrivent ici les sottises de Paris, mandent ce beau désaveu. Par hasard le roi avait vu un une ancienne épreuve de cette belle *Préface*. Il l'a relue, et il a vu qu'il n'y avait pas un seul mot contre la France; que, par conséquent, Baculard est un peu menteur. Il a été un peu courroucé de ce procédé, et il avait quelque envie de renvoyer ce beau fils comme il était venu. J'ai cru qu'il était des règles du théâtre de parler en sa faveur, et des règles de la prudence de ne faire aucun éclat. Baculard d'Arnaud ne sait pas que son petit crime est découvert; je le mets à son aise, je ne lui parle de rien. Cependant le roi veut être instruit; il veut savoir s'il est vrai que d'Arnaud ait écrit à Fréron que je l'avais desservi dans l'esprit de Sa Majesté, etc. Il est bien aise d'être au fait. On m'a mandé cependant que cette affaire aurait fait du bruit à Paris; que M. Berrier[1] avait voulu voir la lettre de d'Arnaud à Fréron; que cette lettre était publique. Franchement, vous me rendrez, mon cher ange, un service essentiel en me mettant au fait de toute cette impertinence. Et savez-

[1] Lieutenant de police. (A. T.)

vous bien quel service vous me rendrez? Celui de me procurer plus tôt le bonheur de vous embrasser; car je ne puis partir d'ici que cette affaire ne soit éclaircie. Vous me direz : Voilà ces épines que j'avais prédites; pourquoi aller chercher des tracasseries à Berlin ? N'en aviez-vous pas assez à Paris? Que ne laissiez-vous Baculard briller seul sur les bords de la Sprée? Mais, mon cher ami, pouvais-je deviner qu'un homme que j'ai élevé, et qui me doit tout, me jouât un tour si perfide? Qu'on mette au bout du monde deux auteurs, deux femmes ou deux dévots, il y en aura un qui fera quelque niche à l'autre. L'espèce humaine étant faite ainsi, il n'y a d'autre parti à prendre que celui de se tirer d'affaire le plus prudemment et le plus honnêtement qu'il se pourra. Je vous supplie donc de me mander tout ce que vous savez. Ne pourrait-on pas avoir une copie de la lettre de d'Arnaud à Frèron? Je ne dis pas de la lettre contenue dans les feuilles *fréroniques*, dans laquelle d'Arnaud désavoue la *Préface* en question; je parle de la lettre particulière, dans laquelle il se déchaîne, lettre que Fréron aura sans doute communiquée.

A l'égard de cette *Préface*, que j'ai proscrite, il y a longtemps, j'ignore si le libraire de Rouen m'a tenu parole. J'ai fait ce que j'ai pu, mais à trois cents lieues on court risque d'être mal servi. Je voudrais que la *Préface*, et l'édition, et d'Arnaud, fussent à tous les diables. Je vous demande très humblement pardon de vous entretenir de ces niaiseries; mais ne me suis-je pas fait un devoir de vous rendre toujours compte de ma conduite et de mes petites peines? Chacun a les siennes, rois, bergers et moutons. J'attends tout de votre amitié. Communiquez ma lettre au *Coadjuteur*, qui est si paresseux d'écrire et qui ne l'est jamais d'être bienfaisant.

P.-S. J'écris à M. Berrier. Je lui envoie cette *Préface*, afin qu'il soit convaincu par ses yeux de l'imposture; qu'il impose silence à Fréron, ou qu'il l'oblige à se rétracter.

A Madame Denis, à Paris

A Potsdam, 17 novembre.

Je sais, ma chère enfant, tout ce qu'on dit de Potsdam dans l'Europe. Les femmes, surtout, sont déchaînées, comme elles l'étaient à Montpellier contre M. d'Assouci; mais tout cela ne me regarde pas.

J'ai passé l'âge heureux des honnêtes amours,
Et n'ai point l'honneur d'être page :
Ce qu'on fait à Paphos et dans le voisinage
M'est indifférent pour toujours.

Je ne me mêle ici que de mon métier de raccommoder la prose et les vers du maître de la maison. Algarotti me disait, il y a quelque temps, qu'il avait vu à Dresde un prêtre italien fort assidu à la cour. Vous noterez qu'à Dresde presque tout le monde est luthérien, hors le roi. On demandait à cet abbate ce qu'il faisait : *Io sono,* répondit-il, *il cattolico di sua maestà ;* pour moi, je suis *il pedagogo di sua maestà.* Je me flatte qu'en me refermant dans mes bornes, je vivrai tranquillement.

J'ignore parfaitement tout ce qui se fait ici. Si j'avais été dans le palais de Pasiphaé, je l'aurais laissé faire avec son taureau, et j'aurais dit comme cet Anglais, à peu près en pareil cas : « Je ne me mêle pas de leurs mœurs. » Les *mais*, ces éternels *mais* qui sont dans ma dernière lettre, ne tombent point du tout sur ce qu'on se dit dans le monde, ni sur les reproches qu'on me fait en France d'être ici. Je vous expliquerai mon énigme quand nous nous reverrons.

En attendant, je vous envoie *Rome* par le courrier de milord Tirconel. Faites de la république romaine tout ce qui vous plaira. Je suis toujours d'avis que cela est bon à jouer dans la grand'salle du palais, devant messieurs des enquêtes ou devant l'Université. J'aime mieux, à la vérité, une scène de *César* ou de *Catilina*, que tout *Zaïre*, mais cette *Zaïre* fait pleurer les saintes âmes et les âmes tendres. Il y en a beaucoup, et à Paris il y a bien peu de Romains.

Puisque le courrier me donne le temps, je ne peux m'empêcher de vous donner la clef d'un de ces *mais*, de peur que votre imagination ne fasse de fausses clefs. J'ai bien peur de dire au roi de Prusse comme Jasmin : « Vous n'êtes pas trop corrigé, mon maître.» J'avais vu une lettre touchante, pathétique, et même fort chrétienne, que le roi avait daigné écrire à Darget[1] sur la mort de sa femme. J'ai appris que le même jour Sa Majesté avait fait une épigramme contre la défunte ; cela ne laisse pas de donner à penser. Nous sommes ici trois ou quatre étrangers, comme des moines dans une abbaye. Dieu veuille que le père abbé se contente de se moquer de nous ! Cependant il y a ici une dose assez honnête *di questa robbia detta gelosia*. Où l'envie ne se fourre-t-elle pas, puisqu'elle est ici ? Ah ! je vous jure qu'il n'y a rien à envier. Il n'y aurait qu'à vivre paisiblement ; mais les rois sont comme les coquettes : leurs regards font des

[1] Secrétaire de Frédéric II.

jaloux, et Frédéric est une très grande coquette ; mais, après tout, il y a cent sociétés dans Paris beaucoup plus infectées de tracasseries que la nôtre.

Le plus cruel de tous les *mais*, c'est que je vois bien, ma chère enfant, que ce pays-ci n'est pas fait pour vous. Je vois qu'on passe dix mois de l'année à Potsdam. Ce n'est point une cour, c'est une retraite dont les dames sont bannies. Nous ne sommes cependant pas dans un couvent d'hommes réguliers. Toutes choses mûrement considérées, attendez-moi à Paris, et nous raisonnerons. Adieu, que votre amitié me soutienne.

A la même

A Potsdam, 24 novembre.

Le soleil levant[1] s'est allé coucher. Ce pauvre

[1] Arnaud Baculard. Ces mots de « Soleil levant » sont une allusion à des vers qui avaient été adressés par Frédéric II à d'Arnaud et où se trouvent ceux-ci :

Déjà l'Apollon de la France (Voltaire)
S'achemine à sa décadence ;
Venez briller à votre tour,
Elevez-vous s'il baisse encore :
Ainsi le couchant d'un beau jour
Promet une plus belle aurore.

d'Arnaud s'ennuyait ici mortellement de ne voir ni roi ni comédienne, et de n'avoir que des baïonnettes devant le nez. Il avait épuisé son crédit à faire jouer à Charlottembourg, il y a quelque temps, sa comédie du *Mauvais riche;* mais les pièces tirées du *Nouveau-Testament* ne réussissent pas ici : elle fut mal reçue. Il s'est regardé comme Ovide, dont on aurait sifflé une élégie chez les Gètes. Tout cela, joint à un peu de chagrin de voir moi, soleil couchant, passablement bien traité, l'a porté à demander son congé fort tristement. Le roi lui a ordonné très durement de partir dans vingt-quatre heures; et, comme les rois sont accablés d'affaires, il a oublié de lui payer son voyage. Mon enfant, mon triomphe m'attriste. Cela fait faire de profondes réflexions sur les dangers de la grandeur. Ce d'Arnaud avait une des plus belles places du royaume. Il était garçon-poète du roi, et Sa Majesté prussienne avait fait pour lui des versiculets très galants. Nous n'avons point, depuis Bélisaire, de plus terrible chute. Comme le monarque bel esprit traite un de ses deux soleils! Je lui avais écrit sur la route, quand j'allais à sa cour :

Quel diable de Marc-Antonin!
Et quelle malice est la vôtre!
Vous égratignez d'une main,
Lorsque vous caressez de l'autre.

On me fait plus que jamais patte de velours; mais..... Adieu, adieu; je brûle de venir vous embrasser.

A M. le comte d'Argental

A Potsdam, le 28 novembre.

Mon cher ange, vous me rendrez bien la justice de croire que j'attends avec quelque impatience le moment de vous revoir; mais ni les chemins d'Allemagne, ni les bontés de Frédéric-le-Grand, ni le palais enchanté où ma chevalerie errante est retenue, ni mes ouvrages que je corrige tous les jours, ni l'aventure de d'Arnaud, ne me permettent de partir avant le 15 ou le 20 de décembre.

Croiriez-vous bien que votre chevalier de Mouhi[1] s'est amusé à écrire quelquefois des sottises contre moi, dans un petit écrit intitulé la *Bigarrure?* Je vous l'avais dit et vous n'avez pas voulu le croire; rien

[1] Romancier (1701-1784). Il fut pendant quelque temps le correspondant payé de Voltaire. (A. T.)

n'est plus vrai et si public. Il n'y a aucun de ces animaux-là qui n'écrivît quelques pauvretés contre son ami, pour gagner un écu, et point de libraire qui n'en imprimât autant contre son propre père. On ne fait pas assurément attention à la *Bigarrure* du chevalier de Mouhi; mais vous m'avouerez qu'il est fort plaisant que ce Mouhi me joue de ces tours-là. Il vient de m'écrire une longue lettre, et il se flatte que je le placerai à la cour de Berlin. Je veux ignorer ces petites impertinences qu'on ne peut attribuer qu'à de la folie; il ne faut pas se fâcher contre ceux qui ne peuvent pas nuire. J'ai mandé à ma nièce qu'elle fît réponse pour moi et qu'elle l'assurât de tous mes sentiments pour lui et pour la chevalière.

Votre *Aménophis* est de Linant[1]. C'est l'*Artaxercle* de Mestatasio. Ce pauvre diable a été sifflé de son vivant et après sa mort. Les sifflets et la faim l'avaient fait périr; digne sort d'un auteur! Cependant vos badauds ne cessent de battre des mains à des pièces qui ne valent guère mieux que les siennes. Ma foi, mon

[1] Homme de lettres (1708-1749). Il serait probablement inconnu, si Voltaire n'eût gratuitement exagéré son talent. Auteur de deux tragédies, *Alzaïde*, 1745, et *Vanda*, 1747. La tragédie d'*Aménophis* dont parle Voltaire est de Saurin.

(A. T.)

cher ange, j'ai fort bien fait de quitter ce beau pays-là et de jouir du repos auprès d'un héros, à l'abri de la canaille qui me persécutait, des graves pédants qui ne me défendaient pas, des dévots qui, tôt ou tard, m'auraient joué un mauvais tour, et de l'envie qui ne cesse de sucer le sang que quand on n'en a plus. La nature a fait Frédéric-le-Grand pour moi. Il faudra que le diable s'en mêle si les dernières années de ma vie ne sont pas heureuses auprès d'un prince qui pense en tout comme moi, et qui daigne m'aimer autant qu'un roi en est capable. On croit que je suis dans une cour, et je suis dans une retraite philosophique; mais vous me manquez, mes chers anges. Je me suis arraché la moitié du cœur pour mettre l'autre en sûreté, et j'ai toujours mon grand chagrin dont nous parlerons à mon retour. En attendant, je joins ici, pour vous amuser, une page d'une épître que j'ai corrigée. Il me semble que vous y êtes pour quelque chose. Il s'agit de la vertu et de l'amitié. Dites-moi si l'allemand a gâté mon français, et si je me suis rouillé comme Rousseau. N'allez pas croire que j'apprenne sérieusement la langue tudesque; je me borne prudemment à savoir ce qu'il en faut pour parler à mes gens, à mes chevaux. Je ne suis pas d'un âge à entrer dans toutes les délicatesses de cette langue si douce et si harmonieuse; mais il faut savoir se faire entendre d'un postillon. Je vous promets de dire des douceurs à ceux qui me mèneront vers mes chers anges. Je me flatte que Mme d'Argental, M. de Pont-de-Veyle, M. de Choiseul, M. l'abbé de Chauvelin auront toujours pour moi les mêmes bontés; et qui sait si un jour..... car..... Adieu, je vous embrasse tendrement. Si vous m'écrivez, envoyez votre lettre à ma nièce. Je baise vos ailes de bien loin.

A M. Thiriot[1]

Potsdam, novembre.

Quoique vous paraissiez m'avoir entièrement oublié, je ne puis croire que vous m'ayez effacé de votre cœur; vous êtes toujours dans le mien. Vous devez être un peu consolé d'avoir été remplacé par un

[1] Ou Thiériot (1996-1772), personnage connu par sa longue intimité avec Voltaire, et qu'il connut alors que l'un et l'autre ils travaillaient comme clercs en l'étude de M. Alain, procureur au Châtelet. Leur amitié dura jusqu'à la mort, et c'est à elle que Thiériot dut une célébrité qu'il a conservée jusqu'à nos jours. (A. T.)

homme tel que d'Arnaud. La manière dont il s'acquittait à Paris de la commission dont il était honoré, devait servir à vous faire regretter[1] ; et la manière dont il s'est conduit ici a achevé de le faire connaître. Je ne me repens point du bien que je lui ai fait; mais j'en suis bien honteux. S'il n'avait été qu'ingrat envers moi, je ne vous en parlerais pas.

. . . .

Voilà, mon ancien ami, ce que sont ces hommes qui prétendent à la littérature. *O inhumaniores litteræ!* Je gémis sur les belles-lettres, si elles sont ainsi infectées, et je gémis sur ma patrie, si elle souffre les serpents que les cendres des Desfontaines ont produits. Mais, après tout, en plaignant les méchants et ceux qui les tolèrent, en plaignant jusqu'à d'Arnaud même, tombé par l'opprobre dans la misère, je ne laisse pas de jouir d'un repos assez doux, de la faveur et de la société d'un des plus grands rois qui aient jamais été, d'un philosophe sur le trône, d'un héros qui méprise jusqu'à l'héroïsme, et qui vit dans Potsdam comme Platon vivait avec ses amis. Les dignités, les honneurs, les bienfaits dont il me comble sont de trop. Sa conversation est le plus grand de

[1] Thiériot avait exercé l'emploi de correspondant littéraire, à Paris, de Frédéric, alors que celui-ci était prince royal.

ses bienfaits. Jamais on ne vit tant de grandeur et si peu de morgue; jamais la raison la plus pure et la plus ferme ne fut ornée de tant de grâces. L'étude constante des belles-lettres, que tant de misérables déshonorent, fait son occupation et sa gloire. Quand il a gouverné, le matin, et gouverné seul, il est philosophe le reste du jour, et ses soupers sont ce qu'on croit que sont les soupers de Paris; ils sont toujours délicieux; mais on y parle toujours raison; on y pense hardiment; on y est libre. Il a prodigieusement d'esprit et il en donne. Ma foi, d'Arnaud avait raison de vouloir souper avec lui; mais il fallait en être un peu plus digne. Adieu; quand vous souperez avec M. de La Popelinière[1], songez aux soupers de Frédéric-le-Grand; félicitez-moi de vivre de son temps et pardonnez à l'envie si mon bonheur extrême et inouï lui fait grincer les dents.

[1] Ou plutôt La Pouplinière (1692-1762), célèbre fermier-général. Il a tenu un rang considérable dans la société du XVIIIe siècle par son faste et par la protection qu'il accorda aux lettres et aux arts. (A. T.)

A Madame la comtesse d'Argental

A Potsdam, le 8 décembre.

Recevez, madame, mes hommages, mes regrets, mes souhaits, des gouttes d'Hoffmann et des pilules de Stahl, par M. d'Ammon, mon camarade en chambellanie et mon très supérieur en négociations. Il est envoyé du roi de Prusse ; il vient resserrer les liens des deux nations. Il aura bien de la peine à les rendre aussi forts et aussi durables que ceux qui m'attachent à vous. Que n'ai-je pu l'accompagner ! Mais sa jeunesse et sa santé lui permettent d'affronter les glaces. J'avais trop présumé de moi ; mon cœur m'avait séduit selon sa louable coutume ; il m'avait fait accroire que je pourrais bientôt revoir mes chers anges ; mais l'archange Frédéric, et le froid, et ma poitrine serrée, me retiendront le mois de janvier. Je vous apporterai, madame, une autre cargaison un peu plus ample de gouttes et de pilules. Le médecin du roi, qui doit me les donner, est allé accompagner Mme la margrave de Bareith, et il est difficile de trouver à Potsdam, qui est à huit lieues de Berlin, de ces pilules de Stahl, dont personne ne fait ici usage. Il en est de ces pilules comme de moi ; elles ne sont point prophètes dans leur pays. Il semble qu'il faille se transplanter pour réussir. On va chercher bien loin le bonheur et la santé. Tout cela est à présent chez vous. M. d'Argental m'a mandé que votre santé est raffermie ; ainsi me voilà un peu consolé. Si les ministres ont à cœur autre chose que les intérêts politiques, M. d'Ammon vous dira, madame, le tort extrême que vous faites ici à mon bonheur ; il vous dira que, sans vous, je serais un des plus heureux hommes de ce monde. Le ciel n'a pas voulu que le royaume de Frédéric-le-Grand et le vôtre fussent dans le même climat. Il y a bien loin de la rue Saint-Honoré à Potsdam, mais vous étendez votre empire partout. Je suis à Potsdam votre sujet comme à Paris. J'ai crié, dans toutes mes lettres, après M. de Pont-de-Veyle, M. de Choiseul, M. l'abbé de Chauvelin ; ils sont tous deux indifférents ; ils ne pensent à moi que quand il est question d'une tragédie. Le roi de Prusse n'en use pas ainsi. Paris endurcit le cœur. Vous avez trop de plaisirs, vous autres, pour penser à un homme de l'autre monde, que quarante ans de tracasseries, de cabales, d'injustices et de méchancetés ont forcé enfin de venir chercher le repos dans le séjour de la gloire. Adieu, madame, conservez-moi des bontés qu'en vérité mon cœur mérite. J'ai reçu une lettre de M. d'Argental, du 24 de novembre, toute en Baculard. Vous savez que le roi l'a chassé honteusement, comme il le méritait. Il s'est réfugié à Dresde, où il dit qu'il était le favori des rois et des reines, et qu'une grande passion d'une grande princesse pour ce grand Baculard l'a obligé de s'arracher aux plaisirs de Berlin et de venir faire les délices de Dresde. Bonsoir, mes divins anges; je vous recommande l'envoyé de Prusse, et j'espère le suivre bientôt. Comptez qu'il m'a été absolument impossible d'avancer mon voyage, et que, quand je vous parlerai, vous ne me condamnerez sur rien.

A M. le comte d'Argental

A Potsdam, ce 11 décembre.

Me voilà toujours Sancho-Pança dans mon île, après avoir été *Chie-en-pot-la-perruque* parfois. Mes divins anges, comment voulez-vous que je me mette en voyage avec ma chétive santé et que je sorte du coin du feu pour m'embourber dans la Westphalie? Je m'étais cru capable de revenir au mois de janvier.

Vous me faisiez oublier mon âge, ma faiblesse, et enfin le roi de Prusse lui-même; mais quand il s'agit de s'empaqueter par ce temps-ci, pour faire trois cents lieues, quand on va avoir de beaux opéras italiens, quand ce grand roi a encore un peu besoin de moi, lorsque enfin la ridicule et désagréable aventure de ce maudit Baculard demande absolument ma présence, ne me pardonnerez-vous pas de rester encore un peu? Mes anges, pardon; je ne peux m'en dispenser; mille raisons m'y forcent; mais, ô mes anges! Belzébuth aurait-il un plus damné projet que celui de faire jouer *Rome sauvée* à présent et de me livrer à la rage de la malice et de l'envie? Le public a été pour moi quand Boyer, l'*ancien âne* de Mirepoix, me persécutait; quand il avait, avec l'eunuque Bagoas, l'insolence et le crédit de m'exclure de l'Académie; mais à présent qu'on me croit heureux, tout est devenu Boyer. Mon éloignement ramènerait les esprits, si c'était un exil; mais on m'a regardé comme un homme piqué, comblé d'honneurs et de biens, et on voudrait me faire entendre les sifflets de Paris dans le cabinet du roi de Prusse. Je suis né plus impatient que vous, et cependant j'ai ici plus de patience. Je sais attendre et je vois évidemment que jamais je n'ai eu plus besoin d'être un petit *Fabius Cunctator*. Si on pouvait me rendre un vrai service, ce serait de faire jouer *Sémiramis* et *Oreste*. On va bien les représenter ici. Pourquoi leur préfèrerait-on à Paris le *comte d'Essex*[1], et je ne sais combien de plats ouvrages qui sont en possession d'être joués et méprisés ? Cependant, dites-moi si M. Maboul, ce savant homme, est encore à la tête de la littérature ? Quel fortuné mortel a les sceaux ? quel autre est à la tête des lois, ou du moins de ce qu'on appelle de ce beau nom ? Il y a un an que je plaide par humeur en France, contre un coquin qui s'est avisé de vouloir être jugé en la prévôté du Louvre, sous prétexte que j'étais de la maison du roi. J'ai voulu le remettre dans les règles, le renvoyer à son juge naturel, et ce beau règlement de juges n'a pu encore être fait. Si pareille chose arrivait ici, le magistrat qui en serait coupable serait sévèrement puni ; car le roi a dit de lui-même :

> J'appris à distinguer l'homme du souverain,
> Et je fus roi sévère et citoyen humain.

En effet, il est tout cela et tout va bien, et on est heureux. Salomon était un pauvre homme en comparaison de lui. Il ne lui manque que de connaître un peu plus tôt ses Baculard. Je vous remercie, mon

[1] Tragédie de Thomas Corneille. (A. T.)

cher et respectable ami, de la lettre que vous m'avez écrite sur ce malheureux correspondant de Fréron. Et on souffre des Frérons! et ils sont protégés! et on veut que je revienne!

> Virtutem incolumem odimus
> Sublatam ex oculis, quærimus, invidi.
> (Horace, Liv. III, Ode XXIV.)

On a tant fait, à force d'équité et de bonté, qu'on m'a chassé de mon pays. Les orages m'ont conduit dans un port tranquille et glorieux; je ne le quitterai absolument que pour vous.

A Madame Denis, à Paris

A Berlin, au château, 26 décembre.

Je vous écris à côté d'un poêle, la tête pesante et le cœur triste, en jetant les yeux sur la rivière de la Sprée, parce que la Sprée tombe dans l'Elbe et l'Elbe dans la mer, et que la mer reçoit la Seine, et que notre maison de Paris est assez près de cette rivière de Seine; et je dis : Ma chère enfant, pourquoi suis-je dans ce palais, dans ce cabinet qui donne sur cette

Sprée, et non pas au coin de notre feu? Rien n'est plus beau que la décoration du palais du soleil dans *Phaéton*. Mlle Astrua est la plus belle voix de l'Europe; mais fallait-il vous quitter pour un gosier à roulades et pour un roi? Que j'ai de remords, ma chère enfant! que mon bonheur est empoisonné! que la vie est courte! qu'il est triste de chercher le bonheur loin de vous! et que de remords si on le trouve!

Je suis à peine convalescent; comment partir? Le char d'Apollon s'embourberait dans les neiges détrempées de pluies qui couvrent le Brandebourg. Attendez-moi, aimez-moi, recevez-moi, consolez-moi et ne me grondez pas. Ma destinée est d'avoir affaire à Rome de façon ou d'autre. Ne pouvant y aller, je vous envoie *Rome* en tragédie par le courrier de Hambourg, telle que je l'ai retouchée; que cela serve du moins à amuser les douleurs communes de notre éloignement. J'ai bien peur que vous ne soyez pas trop contente du rôle d'Aurélie. Vous autres, femmes, vous êtes accoutumées à être le premier mobile des tragédies, comme vous l'êtes de ce monde. Il faut que vous soyez amoureuses comme des folles, que vous ayez des rivales, que vous fassiez des rivaux; il faut qu'on vous adore, qu'on vous tue, qu'on vous regrette, qu'on se tue avec vous. Mais, mesdames,

Cicéron et Caton ne sont pas galants; César et Catilina couchaient avec vous, j'en conviens; mais assurément, ils n'étaient pas gens à se tuer pour vous. Ma chère enfant, je veux que vous vous fassiez homme pour lire ma pièce. Envoyez prier l'abbé d'Olivet[1] de vous prêter son bonnet de nuit, sa robe de chambre et son Cicéron, et lisez *Rome sauvée* dans cet équipage.

Pendant que vous vous arrangerez pour gouverner la république romaine sur le théâtre de Paris, et pour travestir en Caton et en Cicéron nos comédiens, je continuerai à travailler paisiblement au *Siècle de Louis XIV*, et je donnerai à mon aise les batailles de Nerwinde et d'Hochstedt. Variété, *c'est ma devise.* J'ai besoin de plus d'une consolation. Ce ne sont point les rois, ce sont les belles-lettres qui la donnent.

[1] Le P. Thoulier. Il avait été l'un des professeurs de Voltaire au collége Louis-le-Grand, et c'est lui qui le reçut à l'Académie. (A. T.)

1751

A la même, à Paris

A Berlin, 3 janvier 1751.

Ma chère enfant, je vais vous confier ma douleur. Je ne veux plus garder de filles. Vous connaissez assez *Jeanne,* cette brave pucelle d'Orléans, qui vous amusait tant, et que j'ai chantée dans un autre goût que celui de Chapelain. Cette *Pucelle*, faite pour être enfermée sous cent clefs, m'a été volée. Ce grand flandrin de Tinois[1] n'a pas résisté aux prières et aux présents du prince Henri, qui mourait d'envie d'avoir *Jeanne* et *Agnès* en sa possession. Il a transcrit le poème, il a livré mon sérail au prince Henri pour quelques ducats. J'ai chassé Tinois; je l'ai renvoyé dans son pays. J'ai été me plaindre au prince Henri; il m'a juré qu'elle ne sortirait jamais de ses mains. Ce n'est, à la vérité, qu'un serment de prince; mais il est honnête homme. Enfin, il est aimable, il m'a séduit; je suis faible, je lui ai laissé *Jeanne;* mais s'il

[1] Alors secrétaire de Voltaire. (A. T.)

arrive jamais un malheur, si l'on fait une seconde copie, où me cacher ? Ma barbe devient fort grise ; le poème de la *Pucelle* jure avec mon âge et le *Siècle de Louis XIV*.

Quand j'étais jeune, j'aurais volontiers souffert qu'on m'eût dit : *Dove avete pigliato tante coglionerie?* mais aujourd'hui cela serait trop ridicule. Savez-vous bien que le roi de Prusse a fait un poème dans le goût de cette *Pucelle*, intitulé le *Palladium !* Il s'y moque de plus d'une sorte de gens ; mais je n'ai point d'armée comme lui ; je n'ai point gagné de batailles, et vous savez que, *selon ce que l'on peut être, les choses changent de nom*. Enfin, j'éprouve deux sentiments bien désagréables, la tristesse et la crainte ; ajoutez-y les regrets, c'est le pire état de l'âme.

Je vous ai priée, par ma dernière lettre, de faire préparer mon appartement pour un chambellan du roi de Prusse, qu'il envoie en France pour un beau traité concernant les toiles de Silésie. Puisqu'il me loge, il est juste que je loge son envoyé ; mais ayez surtout soin de notre petit théâtre. Je compte toujours le revoir. Ah ! faut-il vivre d'espérance ! Adieu, je vous embrasse tristement.

A M. le comte d'Argental

9 janvier.

Ce climat-ci me tue, mes anges, et vous me tuez encore par vos reproches, par vos rigueurs, par vos injustices. Vous me rendez responsable des saisons, de ma mauvaise santé, des affaires qui me retiennent, d'une édition qu'il faut que je corrige tout entière et qui demande un travail immense. J'ai été retenu de mois en mois, de semaine en semaine. Une petite partie de mon âme est ici, l'autre est avec vous. Je n'ose plus, de peur de mentir, vous dire: je partirai dans huit jours, dans quinze; mais ne soyez point surpris de me revoir bientôt. Ne le soyez pas non plus si je ne puis être dans votre paradis qu'au mois de mars. Mes anges, la destinée se joue des faibles mortels; elle vous force, vous, M. d'Argental, à courir par la ville dès que quatre heures après midi sont sonnées; elle fait rester Mme d'Argental dans sa chaise longue; elle fait mourir le fade Roselli par l'insipide Ribou [1]; elle tue le maréchal de Saxe à Chambord,

[1] Allusion au duel de deux comédiens; celui du nom de Roselli y fut tué. (A. T.)

après l'avoir respecté à Lawfelt; elle a fait jouer des parades à votre frère; elle oblige le roi de Prusse d'aller tous les jours à la parade de ses soldats et à faire des vers; elle m'a tiré de mon lit pour m'envoyer de Paris à Potsdam en bonnet de nuit. Je sais bien qu'il eût été plus doux de continuer notre petite vie douce et sybarite; de jouer de temps en temps la comédie dans mon grenier; de jouir de votre société charmante. Je sens mon tort, mon cher et respectable ami; je suis venu mourir à trois cents lieues. Un héros, un grand homme a beau faire, il ne remplace point un ami.

J'ai tort; ne croyez pas que je sois avec vous comme les pécheurs avec Dieu, qui se tournent vers lui quand ils sont malades. Au contraire, la maladie est presque la seule raison qui a retardé mon départ; car dès que j'ai un rayon de santé, je suis prêt à demander des chevaux de poste. On vous dira peut-être que, tout languissant que je suis, je ne laisse pas de jouer la comédie; mais vous remarquerez que je suis le bonhomme Lusignan; je le représente d'après nature; et tout le monde a avoué qu'on ne pouvait pas avoir l'air plus mourant. On dit que Bellecour ne réussit pas si bien avec sa belle figure; mais, mon cher ange, ne parlons des délices du théâtre que quand je serai à Paris. Puisque vous êtes toujours, comme le peuple romain, fou des spectacles, j'ai de quoi vous amuser.

Il y avait, depuis un mois, une grande lettre pour Mme d'Argental, avec un paquet, entre les mains d'un envoyé prussien, qui devait loger chez moi à Paris. Cet envoyé ne part pas sitôt, et peut-être le devancerai-je. Bonsoir, mes divins anges.

Non, non, vraiment; notre Prussien partira avant moi, et comptez, mes anges, que j'en suis pénétré de douleur.

A Madame Denis, à Paris

A Berlin, 12 janvier.

Enfin voici notre chambellan d'Hammon. Il vous remettra mon gros paquet, il couchera dans mon lit. J'aimerais mieux y être que dans celui où je suis; c'est pourtant le lit du grand électeur. C'est le bisaïeul du roi régnant. Chaque pays a son grand homme. Il avait du moins un bon lit, chose assez rare de son temps. Le dernier roi ne connaissait pas ce luxe-là. Il serait bien étonné de me voir ici, et encore plus d'y voir un opéra italien. Il avait beaucoup d'argent et des chaises de bois. Les choses ont un peu changé. On a conservé l'argent, on a gagné des provinces, et on a rembourré les fauteuils. Ce n'est pas que je sois logé ici aussi bien que chez moi; mais je le suis beaucoup mieux que je ne mérite.

Nous avons joué *Zaïre*. La princesse Amélie était Zaïre et moi le bonhomme Lusignan. Notre princesse joue bien mieux Hermione; aussi est-ce un plus beau rôle. Mme de Tirconel s'est très honnêtement tirée d'Andromaque. Il n'y a guère d'actrices qui aient de plus beaux yeux. Pour milord Tirconel, c'est un digne Anglais; son rôle est d'être à table. Il a le discours serré et caustique, je ne sais quoi de franc que les Anglais ont, et que les gens de son métier n'ont guère. Le tout fait un composé qui plaît.

Vous m'avouerez qu'un Anglais envoyé de France en Prusse, des tragédies françaises jouées à la cour de Berlin, et moi transplanté à cette cour auprès d'un roi qui fait autant de vers que moi pour le moins; voilà des choses auxquelles on ne devait pas s'attendre. Lisez-bien mon gros paquet que d'Hammon doit vous rendre, et envoyez-moi vos ordres par le courrier de Hambourg. D'Hammon est un vrai nom de comédie, mais il ne joue que sa comédie de négociateur. Pour moi, je ne m'accoutume ni au rôle que je joue, ni à votre absence, soyez-en bien convaincue.

A M. le comte d'Argental

A Berlin, dernier de janvier.

Mon cher ange, mon cher ami, j'ai écrit à ma nièce que tout ce que je lui disais était pour vous, et je vous en dis autant pour elle. Ma santé est devenue bien déplorable. Je ne peux pas écrire longtemps. Je commencerai d'abord par vous dire qu'il faut absolument attendre un temps plus doux pour revenir au colombier. J'ajouterai que je crains beaucoup de me trouver à Paris au milieu de toutes les tracasseries que vont causer ces éditions, d'essuyer des querelles des libraires, de compromettre les examinateurs des livres, d'essuyer les murmures des dévots, et d'être exposé aux Frérons. Il est impossible qu'un homme de lettres, qui a pensé librement et qui passe pour être heureux, ne soit pas persécuté en France. La fureur publique poursuit toujours un homme public qu'on n'a pu rendre infortuné. Je n'ai jamais éprouvé de faveur que quand l'ancien évêque de Mirepoix me persécutait.

Lambert a très mal fait d'entreprendre une édition de mes sottises en vers et en prose sans m'en avertir; il a mal fait, après l'avoir entreprise, de n'en pas précipiter l'exécution, et il a plus mal fait de demander des examinateurs. Pour peu que ces examinateurs craignent, malgré leur philosophie et leur bonne volonté, de se commettre avec des gens qui n'ont ni bonne volonté ni philosophie, il en naîtra une hydre de tracasseries, et je n'aurai fait alors un voyage en France que pour essuyer des peines et des reproches. On dira que j'ai pris le parti de me retirer dans les pays étrangers pour y faire imprimer des choses trop libres, qu'on ne peut mettre au jour en France, même avec une permission tacite. Je vous avoue, mon cher et respectable ami, que je voudrais bien ne reparaître que quand tous ces petits orages seront détournés.

Je vous remercie tendrement des démarches que vous avez eu la bonté de faire. Votre amitié est à l'épreuve du temps et de l'absence. Vous ne me verrez plus jouer Cicéron. Je l'ai représenté sur le petit théâtre que j'ai créé dans le palais de Berlin et je vous assure que je l'ai bien mieux joué qu'à Paris; mais, pour jouer Cicéron, il faut avoir des dents, et ma maladie me les a fait perdre en grande partie. Je ne suis plus qu'un vieux radoteur.

Et je ne vis pas un moment
Sans sentir quelque changement.
Qui m'avertit de la ruine. (Chaulieu.)

Il vient un temps où il ne faut plus se prodiguer au monde. J'aurais voulu passer avec vous les derniers jours de ma vie, vous n'en doutez pas; mais je vous répète que, quand j'aurai la consolation de vous entretenir, vous serez forcé d'approuver le parti que j'ai pris. Il m'a coûté bien cher, puisqu'il m'a séparé de vous. Mme d'Argental a dû recevoir une lettre de moi, avec quelques pilules de Stahl, que je lui adressai au commencement de décembre, quand le chambellan d'Hammon fut nommé pour aller à Paris conclure une petite affaire. Son départ a été longtemps retardé. Je le crois arrivé à présent. Un ministre qui se porte bien peut voyager au milieu des neiges; mais dans l'état où je suis, il faut que j'attende une saison moins rude. Adieu, je ne ferai plus de compliments à aucun de vos amis; ils me croient trop un homme de l'autre monde.

A M. Darget

Janvier.

Mon cher ami, quand je vous écris, c'est pour vous seul, c'est à vous seul que j'ouvre mon cœur. Je suis si malade que je ne sens plus mes afflictions. Mon âme est morte et mon corps se meurt. Je vous conjure de vous jeter, s'il le faut, aux pieds du roi, et d'obtenir de lui que je me retire au Marquisat [1] à la fin de ce mois, et que j'y reste jusqu'au mois de mai. Il est vrai que je ne pourrais guère m'y passer des mêmes bontés et des mêmes générosités dont il daigne m'honorer à Berlin et qu'il est impertinent à moi d'en abuser à ce point. Mais, mon cher ami, tâchez d'obtenir bien respectueusement, bien tendrement que ma pension soit retranchée à compter depuis février jusqu'au temps de mon retour. J'aime infiniment mieux racommoder ma santé au Marquisat que de toucher de l'argent. Ce que le roi daigne faire pour moi coûte autant qu'une forte pension. Ce double emploi n'est pas juste. Je n'ai que faire d'argent, mon cher ami ; je veux la campagne, du petit-lait, de bons potages, des livres, votre société, et les nouveaux

[1] Maison de plaisance, près Postdam. (A. T.)

ouvrages d'un grand homme qui m'a juré de ne pas me rendre malheureux. Ce que je lui demande adoucira tous mes maux. Qu'il dise seulement à M. Fédersdhoff qu'on ait soin de moi au Marquisat. J'ai des meubles que j'y ferai porter. J'ai presque tout ce qu'il me faut, hors un cuisinier et des carrosses. Je n'aurai cela que quand je reviendrai avec ma nièce, qui prend enfin pitié de mon état, et qui consent de se retirer avec moi à la campagne pour me consoler. En un mot, il dépend du roi de me rendre la vie. J'ai tout quitté pour lui ; il ne peut me refuser ce que je lui demande. Il s'agit de rétablir ma santé pendant deux mois et demi au Marquisat, et d'y vivre à ma fantaisie. Mais je veux absolument que la pension me soit retranchée pendant tout ce temps-là et pendant celui de mon absence, jusqu'à mon retour avec ma nièce. Elle fera partir tous mes meubles de Paris le premier juin, et je vous réponds que le reste de ma vie sera tranquille et philosophique. Soyez sûr que son amitié et la mienne contribueront à la douceur de votre vie. Elle ne me parle que de vous ; elle vous aime déjà de tout son cœur, et je vous demanderai bientôt votre protection auprès d'elle. Comptez que c'est une femme charmante et que personne n'a plus de goût, plus de raison et plus de douceur. Elle est plus capable de sentir le mérite des ouvrages du Salomon du Nord que tout ce qui l'entoure. Si je peux espérer de rester au Marquisat avec elle, ma vie sera aussi heureuse qu'elle a été horrible depuis trois mois. Je vous embrasse tendrement; réussissez dans votre négociation, il le faut absolument.

La vraie amitié réussit toujours.

A M. le marquis de Ximénes[1]

A Potsdam, ce 13 mars.

.....Ma santé a été bien mauvaise depuis trois mois, mais les bontés extrêmes du grand homme auprès de qui j'ai l'honneur d'être, m'ont bien consolé. Elles me consolent tous les jours des bruits ridicules de Paris. En vérité, il faut remonter jusqu'aux beaux temps de la Grèce pour trouver un prince victorieux

[1] Littérateur et bel esprit (1726-1817), auteur des tragédies d'*Epicharis* ou la *Mort de Néron* (1752), de *Don Carlos,* d'*Amalasonthe* (1754), etc. Il était parvenu à gagner la bienveillance de Voltaire, qui le recevait familièrement à Ferney. (A. T.)

qui fasse un tel usage de son loisir, et qui daigne avoir pour un particulier étranger des attentions si distinguées. Il faut me pardonner de n'avoir pu le quitter; il ne m'empêche pas de regretter mes amis, mais il me rend excusable auprès d'eux. Promettez-moi, monsieur, de présenter mes respects à madame votre mère et recevez les miens.

A M. le comte d'Argental, à Paris

A Potsdam, 15 mars.

Mon adorable ange, vous avez donc vu mon Prussien[1]. J'aurais assurément voulu être du voyage et resouper avec Mme d'Argental et avec vos amis, et vous embrasser cent fois, et vous dire cent choses, et vous montrer cent vers recousus à *Rome sauvée*, à *Adélaïde*, à *Zulime*, et cent feuilles du *Siècle de Louis XIV;* car je serai historiographe de France, en dépit des jaloux; et je n'ai jamais eu tant d'envie de faire bien ma charge que depuis que je ne l'ai plus. Cet immense tableau d'un beau siècle me tourne la

[1] D'Hammon. (A. T.)

tête. M. de Pont-de-Veyle avouera que si Louis XIV n'est pas grand, son siècle l'est. Je n'ai pu accompagner notre chambellan dans les fanges et dans les neiges, où j'aurais été enterré; j'étais malade. D'Arnaud et compagnie et les petits barbouilleurs auraient été trop aises. D'Arnaud, animé du vrai désir de la gloire, n'ayant pu encore se faire un nom assez illustre par ses immortels ouvrages, s'en est fait un par son ingratitude envers moi et par ses procédés. Il s'est noblement lié avec un Rozemberg, mauvais comédien souffert à Berlin, et avec les Frérons soufferts à Paris; et que de belles nouvelles envoyées de canaille à canaille, et perçant chez les oisifs honnêtes gens du beau monde de Paris! A entendre ces beaux messieurs, j'avais perdu un grand procès, j'avais trompé un honnête banquier juif; et le roi qui, sans doute, prend contre moi le parti de l'*Ancien-Testament*, m'avait disgracié; et j'étais perdu, et Fréron riait, et Nivelle La Chaussée racontait tout cela aussi froidement qu'il en est capable, et on imprimait ma *Pucelle*, et ensuite on me faisait mort. Je suis pourtant encore en vie; et le roi a eu tant de bontés pour moi pendant ma maladie, que je serais le plus ingrat des hommes si je ne passais pas encore quelques mois auprès de lui. J'étais le seul animal de mon espèce qu'il logeât dans son palais à Berlin, et quand il partit pour Potsdam et que je ne pus le suivre, il me laissa équipages, cuisiniers, etc.; et ses mulets et ses chevaux conduisaient mes meubles de passade à une maison[1] délicieuse, dont il m'a laissé la jouissance, aux portes de Potsdam; et il me conservait un appartement charmant dans son palais de Potsdam, où je couche une partie de la semaine; et j'admire toujours de près ce génie unique, et il daigne se communiquer à moi; et, enfin, si je n'étais pas à trois cents lieues de vous, et si je ne vous aimais pas avec la plus vive tendresse, et si j'avais un peu de santé, je serais le plus heureux des hommes. J'en demande pardon aux successeurs des Desfontaines, aux petits beaux esprits, aux cuistres, qui disent : Est-il vrai qu'il ait vingt mille francs de pension, tandis que nous n'en avons point ? qu'il ait une clef d'or à sa poche, tandis que nous n'y avons point de mouchoirs ? et une grande croix bleue à son cou, quand nous voudrions l'étrangler ? Ils ne savent pas, les vilains, que, ni ma croix, ni ma clef, ni ma pension ne me touchent ; que j'abandonnerais tout cela sans le moindre regret, si je n'étais pas uniquement attaché à la personne d'un grand homme qui fait mon bonheur. Ils ne savent

[1] Le Marquisat. (A. T.)

pas que je vis heureux, et que je serai encore plus heureux quand je pourrai vous embrasser et vous consacrer les derniers moments de ma vie. Mille tendres respects à toute votre maison et à vos amis.

A M. le cardinal Quirini [1]

Berlin, 1751.

Quoi! vous voulez donc que je chante
Ce temple orné par vos bienfaits,
Dont aujourd'hui Berlin se vante!
Je vous admire et je me tais.
Comment sur les bords de la Sprée,
Dans cette infidèle contrée,
Où de Rome on brave les lois,
Pourrai-je élever ma voix
A des cardinaux consacrée?
Eloigné des murs de Sion,
Je gémis en bon catholique.
Hélas! mon prince est hérétique,
Et n'a point de dévotion.
Je vois avec componction

[1] Ou plutôt Querini (1680-1755), cardinal et archéologue italien. Il fut, sous tous les rapports, l'un des prélats les plus distingués de l'Eglise romaine au XVIIIe, Voltaire lui dédia sa tragédie de *Sémiramis,* et Frédéric II lui écrivit plusieurs fois dans les termes les plus flatteurs. (A. T.)

Que dans l'infernale séquelle
Il sera près de Cicéron,
Et d'Aristide et de Platon,
Ou vis-à-vis de Marc-Aurèle.
On sait que ces esprits fameux
Sont punis dans la nuit profonde;
Il faut qu'il soit damné comme eux,
Puisqu'il vit comme eux dans ce monde.
Mais surtout que je suis fâché
De le voir toujours entiché
De l'énorme et cruel péché
Que l'on nomme la tolérance!
Pour moi, je frémis quand je pense
Que le musulman, le païen,
Le quakre et le luthérien,
L'enfant de Genève et de Rome,
Chez lui tout est reçu si bien,
Pourvu que l'on soit honnête homme.
Pour comble de méchanceté,
Il a su rendre ridicule
Cette sainte inhumanité,
Cette haine dont, sans scrupule,
S'arme le dévot entêté,
Et dont se raille l'incrédule.
Que ferai-je, grand cardinal,
Moi chambellan très inutile
D'un prince endurci dans le mal,
Et proscrit dans notre Evangile?

Vous dont le front prédestiné
A nos yeux doublement éclate;
Vous dont le chapeau d'écarlate
Des lauriers du Pinde est orné;
Qui, marchant sur les pas d'Horace
Et sur ceux de Saint-Augustin,

Suivez le raboteux chemin
Du Paradis et du Parnasse,
Convertissez ce rare esprit;
C'est à vous d'instruire et de plaire;
Et la grâce de Jésus-Christ
Chez vous brille en plus d'un écrit,
Avec les trois Grâces d'Homère.

A Madame Denis, à Paris

A Potsdam, 20 mars.

Me voici rencloîtré dans notre couvent moitié militaire, moitié littéraire. Le mois de mars, l'air et l'eau de ce pays-ci ne sont pas trop favorables à un convalescent. Je n'espère que dans le régime. J'ai repris mon petit train de vie, et je suis entre Louis XIV et Frédéric. Je ferais bien mieux de corriger assidûment mes ouvrages, que de corriger ceux d'un roi. C'est être dans le cas de l'abbé de Villiers, qui avait fait un livre intitulé : *Réflexions sur les défauts d'autrui.* Il alla au sermon d'un capucin; le moine dit en nasillant à son auditoire: « Mes très chers frères, j'avais dessein aujourd'hui de vous parler de l'enfer, mais j'ai vu afficher à la porte de l'église : *Réflexions sur les dé-*

fauts d'autrui. Eh! mon ami, que n'en fais-tu sur les tiens! Je vous parlerai donc de l'orgueil.»

Envoyez-moi, ma chère enfant, cette édition de Paris sitôt qu'elle sera achevée; pour celle de Rouen, je ne veux pas seulement en entendre parler. Voilà trop de bâtards. Je voudrais déshériter toute cette famille-là. Ne croyez pas je sois plus content de la famille des autres. On ne m'envoie de Paris que de plates niaiseries. Le bon n'a jamais été si rare. Il faut qu'il le soit, sans quoi il ne serait plus bon. Que de mauvais livres faits par des gens d'esprit!

Tout le monde a de l'esprit aujourd'hui, mon enfant, parce que le siècle passé a été le précepteur du nôtre; mais le génie est un don de Dieu; c'est la grâce, c'est le partage du très petit nombre des élus. Ne laissez pourtant pas de m'envoyer les rapsodies du jour; elles m'amusent, parce qu'elles sont nouvelles. Cela est honteux. Quelle pitié de quitter Virgile et Racine pour les feuilles volantes de nos jours! Don Quichotte fit une infidélité d'un moment à Dulcinée pour Maritorne. Adieu, adieu; quand je songe aux infidélités, je suis si honteux que je me tais.

A M. Darget

Ce dimanche.

Mon cher ami, voici une lettre pour le roi, que je vous prie de lui remettre. Ma foi, j'ai tort d'avoir voulu avoir publiquement raison contre un misérable[1], et le roi a plus de bon sens que moi, comme il

[1] Il s'agit ici du Juif Hirschel.

Démêlés de Voltaire avec le Juif Abraham Hirschel

1750-1751

Voltaire avait si heureusement spéculé en France, qu'il voulut aussi le tenter en Prusse. Il possédait un flair exquis pour découvrir une bonne affaire. Il suivait les événements du temps, non-seulement avec l'intérêt de l'historien, mais avec celui du financier. De ce côté, un article du traité de Dresde, conclu en en 1745, n'avait pas échappé à son attention. Les sujets prussiens qui avaient entre les mains des effets d'une banque saxonne, la *Stener, a)* devaient être payés de leur créance, capital et intérêts, par le trésor de Saxe, dans des délais marqués sur le bon. Il y avait là une mauvaise combinaison, et naturellement la spéculation s'en empara ; les sujets prussiens achetèrent à bas prix les effets des Saxons, qui ne jouissaient pas d'un tel avan-

a) « 17 janvier (1751). Le roi dit à son lever que Voltaire était chassé de Prusse pour avoir agioté des billets de la Stener que Sa Majesté prussienne faisait payer à de pauvres officiers. Voltaire en aurait acheté pour des sommes considérables et s'en est fait payer. Ce grand poëte est toujours à cheval sur le Parnasse et la rue Quincampoix. » *Journal et Mémoires* du marquis d'Argenson (Paris, v^e^ J. Renouard, 1864), T. VI, p. 335. — Sur cette affaire de la *Stener,* v. les *Mémoires* de Luynes, T. XI, p. 136, et les œuvres de Voltaire, édit. Beuchot, t. I, p. 179 et t. LV, p. 543 et suivantes. (A. T.)

a plus de talent. Je ne sais pas comment diable il fait pour être si sage en faisant des vers. Il serait plaisant

tage, pour en recevoir le montant intégral par la caisse saxonne. Toutefois, le roi Frédéric, qui ne l'avait pas entendu ainsi, avait déjà, depuis deux ans, défendu à ses sujets d'acheter à l'avenir de ces effets, et il convenait à un ami et à un favori, moins qu'à tout autre, de transgresser cette défense. Mais elle était si facile à éluder! Le Juif Berlinois Abraham Hirschel avait livré la parure de brillants avec laquelle Voltaire avait joué le rôle de Cicéron dans sa *Rome sauvée,* au château de Potsdam. Cicéron donna à ce même homme de l'argent et des lettres de change pour lui acheter à Dresde des fourrures et des bijoux — c'est-à-dire des effets saxons — pour 35 louis-d'or — c'est-à-dire avec 35 pour 100 de perte pour le vendeur, ou à 65 pour 100. Le Juif part, mais écrit de Dresde qu'on ne peut les avoir qu'à soixante-dix. Bien, qu'il achète! Le lendemain, le Juif écrit à nouveau qu'ils sont montés à soixante-quinze. Cela n'était pas clair, et là Voltaire avait raison; mais Hirschel prétendit qu'un concurrent, le Juif Ephraïm, avait pendant son absence excité la défiance de Voltaire contre lui, et s'était offert à négocier l'affaire à de meilleures conditions. Enfin, Voltaire laissa protester une lettre de change de 40,000 livres sur Paris, et le Juif revint à Berlin sans avoir rien fait. Naturellement, il y eut querelle: Celui-ci demanda une indemnité et menaça de se plaindre; pour l'apaiser et éviter l'éclat, Voltaire lui acheta les brillants de Cicéron, qu'il avait fait auparavant taxer à un prix tel que le Juif pouvait se trouver dédommagé de ses frais de voyage et de sa peine. Peu de jours après il se repentit; il se fit apporter par le Juif d'autres objets précieux, et ceux-ci il refusa de les payer. Il prétendit qu'il avait été lésé dans son affaire de bijoux, que le Juif devait les reprendre et lui rendre les 3,000 thalers qui lui avaient été comptés. Celui-ci rappela que Voltaire avait fait taxer les pierres, et qu'il lui garantirait qu'on ne les lui avait pas changées? Ceci paraît avoir amené une scène assez vive; le Juif que je mourusse de cela. Je voudrais déjà être au Marquisat, mais ce ne sera que pour le 6 ou le 7,

aurait été saisi à la gorge; enfin, Voltaire déposa une plainte de son côté. Il demandait d'abord la remise de sa lettre de change sur Paris, et là-dessus le Juif fut immédiatement condamné. La question de l'achat interdit des effets saxons ne fut pas soulevée judiciairement, malgré la dénonciation du Juif, parce qu'elle n'importait pas au procès. Ensuite Voltaire demandait le remboursement du montant des bijoux qu'il voulait rendre. Il vint à l'idée au Juif de renier un écrit qui se rapportait à cette affaire et qu'il fut ensuite obligé de reconnaître, ce qui lui valut une amende de 10 thalers; mais il accusa Voltaire d'avoir fait sur l'original des additions et des changements, dans le but de donner à croire que l'affaire des bijoux n'était pas encore conclue; et cette accusation a pour elle les apparences. Le tribunal demanda à Voltaire, dans le cas où il voudrait revenir sur le marché, le serment qu'il n'avait rien changé à l'original; un membre prétendit même qu'on ne devait pas lui permettre un tel serment, qui serait probablement un parjure. Voltaire se déclara prêt à jurer; mais il préféra auparavant, le 26 février 1751, conclure un accord avec le Juif, dont le résultat fut que Voltaire reprit sa lettre de change, le Juif ses bijoux, à l'exception de quelques-uns, contre lesquels il dut payer à Voltaire une somme de mille thalers moins considérable que celle demandée par celui-ci. La victoire remportée par Voltaire dans ce procès fut donc plus apparente que réelle, et pour ce qui regarde l'accord final, on lui ferait difficilement tort en jugeant qu'il n'eût pas accepté la perte de mille thalers, s'il se fût senti la conscience tout à fait nette. *a)*

a) « Si l'on songe, remarque M. Klein, un Prussien médiocrement l'ami, ne l'oublions pas, du poète français, si l'on songe que le demandeur exigeait trois mille thalers en vertu des documents mentionnés, et qu'il n'en obtint comptant que deux mille par cet arrangement; si l'on songe, en outre, que les bijoux qu'on lui laisse ne valaient, d'après l'estimation qui en est faite dans la quittance précitée, que huit cent quarante thalers, il en résulte que Voltaire, qui n'avait pas l'habitude de sacrifier car l'humeur s'est un peu jetée sur la poitrine, et les gencives ne sont pas mieux. Malgré le peu d'approbation qu'a eue la saignée de M. de Rothembourg, j'ai très grande foi à La Mettrie. Qu'on me montre un élève de Boerhaave qui ait plus d'esprit et qui ait mieux écrit sur son métier?

Mais qu'il guérisse vos yeux; voilà d'abord ce que je lui demande.

J'étais fort en peine de M. d'Hammon et d'un gros paquet pour l'édition qu'on fait à Paris de mes rêveries, édition qui, par parenthèse, ne vaudra pas mieux que les autres, parce qu'elle a été faite sans me consulter et pendant mon absence.

A Berlin la chose fit naturellement un scandale énorme. Les ennemis et les envieux de Voltaire triomphèrent; on en fit en français une comédie intitulée : *Tantale en procès,* qui fut attribuée rien moins qu'au roi, mais à tort..... *a)*

Strauss. Voltaire..... — Ouvrage traduit de l'allemand sur la troisième édition, par Louis Narval (Paris, Reinwald et Ce, 1876), p. 127-130. (A. T.)

Plutus aux Muses, subit une perte d'environ mille thalers. Et il faut ajouter à cela que les bijoux dont il restait muni devraient encore être cotés à un chiffre bien au-dessous, s'il était vrai, comme il le prétendait, que le défendeur en eût exagéré la valeur.» Ferdinand Klein, *Annalen der Gesetzgebung* (Berlin, 1790), T. V, p. 253, 254. Cité par M. Gustave Desnoiresterres dans son *Voltaire et Frederic,* p. 151 (2e édit.). (A. T.)

a) « On a rassemblé, il y a une soixantaine d'années, dit M. Saint-René Taillandier (*Une page de la vie de Voltaire,* Revue des Deux-Mondes, du 15 avril 1865, p. 837), les documents du procès intenté à Voltaire par le juif Hirschel, triste aventure qui dès le début souleva l'opinion du pays contre l'hôte de Frédéric, et qui n'est pas plus claire aujourd'hui qu'il y a cent ans, malgré la publication de toutes les pièces.» — Voir, pour tous les détails relatifs aux démêlés de Voltaire avec le juif Hirschel ou Hirsch, *Voltaire et Frederic,* de M. Gustave Desnoiresterres, p. 112-159. (A. T.)

Ce d'Hammon, en arrivant chez moi, a trouvé des Damis, des Erastes, des Angéliques et des Clarisses qui l'attendaient à souper. On va le voir par curiosité, comme un homme venant de la part de Frédéric-le-Grand. Un certain marquis, un peu bavard, lui ayant fait une enfilade de questions fort longues, M. de Thibouville, qui n'avait encore rien dit, s'approcha de l'oreille de d'Hammon, et lui dit : « Monsieur, je prends acte que tous les Français ne sont pas si pressants.» Il a été huit jours enfermé chez moi, sans sortir, parce qu'il fallait qu'il ne fît point de visites avant d'avoir été présenté ; et le roi de France est à Versailles tout le moins qu'il peut. M. de Boufflers, colonel des gardes du roi Stanislas, a été tué sans qu'on sache trop comment. Tout le monde en raisonne et demain personne n'en parlera. Vanité des vanités! Adieu.

A Madame la marquise du Deffant

A Potsdam, 20 juillet.

Votre souvenir et vos bontés, madame, me donnent bien des regrets. Je suis comme ces chevaliers enchantés qu'on fait souvenir de leur patrie dans le palais d'Alcine. Je peux vous assurer que si tout le monde pensait comme vous à Paris, j'aurais eu bien de la peine à me laisser enlever. Mais, madame, quand on a le malheur à Paris d'être un homme public dans le sens où je l'étais, savez-vous ce qu'il faut faire? S'enfuir.

J'ai choisi heureusement une assez agréable retraite: mon pâté d'anguilles ne vaut pas assurément vos ragoûts, mais il est fort bon. La vie est ici très douce, très libre, et son égalité contribue à la santé. Et puis, figurez-vous combien il est plaisant d'être libre chez un roi, de penser, d'écrire, de dire tout ce qu'on veut. La gêne de l'âme m'a toujours paru un supplice. Savez-vous que vous étiez des esclaves à Sceaux et à Anet? Oui, des esclaves, en comparaison de la vraie liberté que l'on goûte à Potsdam avec un roi qui a gagné cinq batailles; et par dessus cela, on mange des fraises, des pêches, des raisins, des ananas, au mois de janvier. Pour les honneurs et les biens, ils ne sont précisément bons à rien ici, et c'est un *superflu* qui n'est pas *chose très nécessaire*....

Au marquis de Thibouville

Potsdam, 1er auguste.

Je mérite votre souvenir, monsieur, par mon tendre attachement. Mais Aurélie n'est pas encore digne de Catilina. Comment voulez-vous que je fasse ? Trouver tous les charmes de la société dans un roi qui a gagné cinq batailles, être au milieu des tambours et entendre la lyre d'Apollon, jouir d'une conversation délicieuse à quatre cents lieues de Paris, passer ses jours moitié dans les fêtes, moitié dans les agréments d'une vie douce et occupée, tantôt avec Frédéric-le-Grand, tantôt avec Maupertuis, tout cela distrait un peu d'une tragédie. Nous aurons dans quelques jours à Berlin un carrousel digne en tout de celui de Louis XIV ; on y accourt des bouts de l'Europe. Il y a même des Espagnols. Qui aurait dit, il y a vingt ans, que Berlin deviendrait l'asile des arts, de la magnificence et du goût ? Il ne faut qu'un homme pour changer la triste Sparte en la brillante Athènes. Tout cela doit exciter le génie ; mais tout cela dissipe et prend du temps. Il me faudrait un recueillement extrême. J'ai ici trop de plaisir. Je vous recommande *Hérode* et le duc d'*Alençon;* je les mets avec mon petit théâtre sous votre protection. Si vous voyez César[1], dites-lui, je vous en supplie, à quel point je lui suis dévoué. Je ne veux pas le fatiguer de lettres. Moins je lui écris, plus il doit être content de moi. Adieu, digne successeur de Baron. Il n'y a que votre aimable commerce qui soit au-dessus de votre déclamation. Conservez-moi votre amitié; je vous serai bien tendrement attaché toute ma vie.

A Madame Denis

A Potsdam, 24 auguste.

Vous recevrez, ma chère plénipotentiaire, le paquet ci-joint par un héros danois, russe, polonais et français. Je crois que ce sera le premier guerrier du nord qui aura porté une liasse de vers alexandrins de Berlin à Paris. Je ne crois pas, quoi qu'on en dise, que M. le maréchal de Lowendal soit chargé d'autres négociations. Il est venu en Allemagne pour ses affaires; et en qualité de preneur de Berg-op-Zoom, il est venu voir le preneur de la Silésie. Le roi lui mon-

[1] Le Kain, qui devait jouer dans *Rome sauvée.* (A. T.)

trera ses soldats, et ne lui montrera point ses ouvrages qu'il fait imprimer. Vous prenez mal votre temps pour me faire des reproches. Il faudrait avoir plus de pitié des étrangers et des malades. Je perds ici les dents et les yeux. Je reviendrai à Paris aveugle comme La Motte; et messieurs les écumeurs littéraires n'en seront pas moins déchaînés contre moi.

Ma santé dépérit tous les jours; l'abbé de Bernis ne me louera jamais d'être venu vieux comme il vient de louer Fontenelle d'avoir su parvenir à l'âge de quatre-vingt-seize ans; je suis plus près d'une épitaphe que de pareils éloges.

Puisque le Parlement fait actuellement si grand bruit pour un hôpital, et qu'il ne se mêle plus que des malades, j'ai envie de me venir mettre sous sa protection. Soyez bien sûre que je serais à Paris sans les imprimeurs de Berlin, qui ne me servent pas si vite que le roi. Je supporte Maupertuis, n'ayant pu l'adoucir. Dans quel pays ne trouve-t-on pas des hommes insociables avec qui il faut vivre? Il n'a jamais pu me pardonner que le roi lui ait ordonné de mettre l'abbé Raynal de son Académie. Qu'il y a de différence entre être philosophe et parler de philosophie! Quand il eut bien mis le trouble dans l'Académie des sciences de Paris et qu'il s'y fut fait détester, il se mit en tête d'aller gouverner celle de Berlin. Le cardinal de Fleury lui cita, quand il prit congé, un vers de Virgile qui revient à peu près à celui-ci :

Ah ! réprimez en vous cette ardeur de régner.

On aurait pu en dire autant à Son Eminence, mais le cardinal de Fleury régnait doucement et poliment. Je vous jure que Maupertuis n'en use pas ainsi dans son tripot où; Dieu merci, je ne vais jamais. Il a fait imprimer une petite brochure sur le Bonheur; elle est bien sèche et bien douloureuse. Cela ressemble aux affiches pour les choses perdues ; il ne rend heureux ni ceux qui le lisent ni ceux qui vivent avec lui ; il ne l'est pas et serait fâché que les autres le fussent.

Point du tout, ma chère enfant, mon paquet ne partira pas par M. le maréchal Lowendal. Il va à Hambourg et ne retourne pas sitôt à Paris ; mais vous verrez un autre maréchal qui aura la bonté de s'en charger. C'est un Anglais qu'on appelle milord *Maréchal* tout court, parce qu'il était ci-devant grand maréchal d'Ecosse ; il est rebelle et philosophe, et attaché à la maison de Stuart, condamné dans son pays depuis longtemps et retiré à Berlin après avoir servi en Espagne. Son frère, le maréchal Keith, alla battre les bons Musulmans à la tête des Russes, il y a quelques années. Enfin, les deux frères sont ici et le milord *Maréchal* est déclaré envoyé extraordinaire du roi de Prusse à Paris. Vous verrez une assez jolie petite Turque qu'il emmène avec lui; on la prit au siége d'Oczakow, et on en fit présent à notre Ecossais, qui paraît n'en avoir pas trop besoin. C'est une fort bonne musulmane. Son maître lui laisse toute liberté de conscience. Il a, dans son équipage, une espèce de valet de chambre tartare, qui a l'honneur d'être païen; pour lui il est, je crois, anglican ou à peu près. Tout cela forme un assez plaisant assemblage, qui prouve que les hommes pourraient très bien vivre ensemble en pensant différemment. Que dites-vous de la destinée qui envoie un Irlandais ministre de France à Berlin, et un Ecossais ministre de Berlin à Paris? Cela a l'air d'une plaisanterie. Milord *Maréchal* part incessamment. Vous verrez sa Turque et vous aurez mon paquet. Ne soyez donc point étonnée que je sois encore à Potsdam, quand vous verrez une mahométane à Paris; et concluez que la Providence se moque de nous.

A M. le maréchal duc de Richelieu

Berlin, 31 auguste.

.....Je vais actuellement répondre à la question que vous me faites, pourquoi je suis en Prusse ; et je répondrai avec la même vérité que j'écris l'histoire, dussent tous les commis de toutes les postes ouvrir ma lettre.

J'étais parti pour aller faire ma cour au roi de Prusse, comptant ensuite voir l'Italie, et revenir après avoir fait imprimer le *Siècle de Louis XIV* en Hollande. J'arrive à Potsdam, les grands yeux bleus du roi, et son doux sourire, et sa voix de sirène, ses cinq batailles, son goût extrême pour la retraite et pour l'occupation, et pour les vers, et pour la prose ; enfin des beautés à tourner la tête, une conversation délicieuse, de la liberté, l'oubli de la royauté dans le commerce, mille attentions qui seraient séduisantes dans un particulier, tout cela me renverse la cervelle. Je me donne à lui par passion, par aveuglement, et sans raisonner. Je m'imagine que je suis dans une province de France. Il me demande au roi son frère, et je crois que le roi son frère le trouvera fort bon. Je vous le jure, comme si j'allais mourir, il ne m'est pas entré dans la tête que ni le roi ni Mme de Pompadour prissent seulement garde à moi et qu'ils pussent être piqués le moins de monde. Je me disais : Qu'importe à un roi de France un atome comme moi de plus ou de moins ? J'étais, en France, harcelé, ballotté, persécuté depuis trente ans par des gens de lettres et par des bigots. Je me trouve ici tranquille, je mène une vie entièrement convenable à ma mauvaise santé ; j'ai mon temps à moi, nul devoir à rendre ; le roi me laisse dîner toujours dans ma chambre, et souvent y souper. Voilà comme je vis depuis un an ; et je vous avoue que, sans l'envie extrême de venir vous faire ma cour, qui me trouble sans cesse, et sans une nièce que j'aime de tout mon cœur, je serais trop heureux.

Il serait impertinent à moi de vous parler si longtemps de moi-même, si vous ne me l'aviez ordonné ; ainsi, encore un petit mot, je vous en prie. Vous me demandez pourquoi j'ai pris la clef de chambellan, la croix et vingt mille francs de pension ? Parce que je croyais alors que ma nièce viendrait s'établir avec moi ; elle y était toute préparée : mais la vie de Potsdam, qui est délicieuse pour moi, serait affreuse pour une femme ; ainsi, me voilà malheureux dans mon bonheur, chose fort ordinaire à nous autres hommes.

Mais ce qui augmente à la fois mon bonheur, ma sensibilité et mes regrets, ce qui me ravit et ce qui me déchire, c'est cette bonté avec laquelle vous daignez entrer dans mes erreurs et dans mes misères. Comment avez-vous eu le temps d'avoir tant de bonté? Quoi! vous avez du temps! Ah! si vous étiez un peu sédentaire, comme mon roi de Prusse!..... mais..... Vous auriez mis le comble à vos grâces si vous m'aviez dit un petit mot de Mlle de Richelieu et de M. le duc de Fronsac. Vous me dites que vous devenez vieux : vous ne le serez jamais; la nature vous a donné ce feu avec lequel on ne sent jamais la langueur de l'âge. Vous serez plus philosophe, mais vous ne serez jamais vieux; c'est moi, indigne, qui le suis devenu terriblement, et j'ai bien peur d'être, dans peu, hors d'état de profiter des charmes des rois et des maréchaux de Richelieu. Il faut, au moins, avoir des jambes pour marcher, et des dents pour parler. Le roi de Prusse m'assure qu'il me trouvera fort bien sans dents; mais voyez la belle conversation, quand on ne peut plus articuler! On meurt ainsi en détail, après avoir vu mourir presque tous ses amis, et ce songe pénible de la vie est bientôt fini.

Je doute fort que vous puissiez avoir le volume qui a été envoyé au roi. Il me semble qu'il n'y en a plus. On en avait tiré un fort petit nombre d'exemplaires qui ont été, je crois, tous distribués. Le président Hénault, qui semblait y avoir quelque droit, comme cité dans la préface, s'y est pris trop tard pour en avoir un exemplaire. Au reste, le roi de Prusse est à présent en Silésie, et ne revient que dans quinze jours.

Je vous ferai tenir, par la première occasion, les incohérentes hardiesses de ce La Mettrie. Cet homme est le contraire de Don Quichotte; il est sage dans l'exercice de sa profession et un peu fou dans tout le reste. Dieu l'a fait ainsi. Nous sommes comme la nature nous a pétris, automates pensants, faits pour aller un certain temps, et puis c'est tout. Je n'ai point vu encore mon cher Isaac d'Argens; il est à la campagne auprès de Potsdam, et moi à Berlin avec mon *Siècle*. Dès que j'aurai fini et fait parvenir cette besogne à Paris pour y être examinée, je viendrai assurément me mettre à vos pieds, moi et *Rome*. Soyez sûr que personne au monde ne sent plus vivement et tout ce que vous valez, et toutes vos bontés. Je voudrais vivre pour avoir l'honneur de vivre auprès de vous. Vous êtes aussi respectable dans l'amitié que vous avez été charmant dans l'amour; vous êtes l'homme de tous les temps, plein d'agréments, comblé de gloire. Je n'aime pas excessivement votre oncle le cardinal, mais j'ai pour vous tous les sentiments que je lui refuse. En vérité, vous devez sentir que si je ne suis pas parti à la réception de vos lettres, c'est que la chose est impossible. Laissez-moi finir mes travaux, mes éditions, sans quoi vous seriez aussi injuste qu'aimable. Recevez mes tendres respects et mon éternel dévouement.

A Madame Denis, à Paris

A Berlin, 2 septembre.

J'ai encore le temps, ma chère enfant, de vous envoyer un nouveau paquet. Vous y trouverez une lettre de La Mettrie pour M. le maréchal de Richelieu; il implore sa protection. Tout lecteur qu'il est du roi de Prusse, il brûle de retourner en France. Cet homme si gai, et qui passe pour rire de tout, pleure quelquefois comme un enfant d'être ici. Il me conjure d'engager M. de Richelieu à lui obtenir sa grâce. En vérité, il ne faut jurer de rien sur l'apparence.

La Mettrie, dans ses préfaces, vante son extrême félicité d'être auprès d'un grand roi qui lui lit quelquefois ses vers, et en secret il pleure avec moi. Il voudrait s'en retourner à pied; mais moi!... pourquoi suis-je ici? Je vais bien vous étonner.

Ce La Mettrie est un homme sans conséquence, qui cause familièrement avec le roi après la lecture. Il me parle avec confiance; il m'a juré qu'en parlant au roi, ces jours passés, de ma prétendue faveur et de la petite jalousie qu'elle excite, le roi lui avait répondu: *J'aurai besoin de lui encore un an, tout au plus; on presse l'orange et on en jette l'écorce.*

Je me suis fait répéter ces douces paroles; j'ai redoublé mes interrogations; il a redoublé ses serments. Le croirez-vous? Dois-je le croire? Cela est-il possible? Quoi! après seize ans de bontés, d'offres, de promesses; après la lettre qu'il a voulu que vous gardassiez comme un gage inviolable de sa parole! et dans quel temps encore, s'il vous plaît? dans le temps que je sacrifie tout pour le servir, que non-seulement je corrige ses ouvrages, mais que je lui fais à la marge une rhétorique, une poétique suivie, composée de toutes les réflexions que je fais sur les propriétés de notre langue, à l'occasion des petites fautes que je peux remarquer; ne cherchant qu'à aider son génie, qu'à l'éclairer et qu'à le mettre en état de se passer de mes soins !

Je me faisais assurément un plaisir et une gloire de cultiver son génie; tout servait à mon illusion. Un roi qui a gagné des batailles et des provinces; un roi du nord qui fait des vers en notre langue; un roi enfin que je n'avais pas cherché et qui me disait qu'il m'aimait; pourquoi m'aurait-il fait tant d'avances? Je m'y perds! je n'y conçois rien. J'ai fait tout ce que j'ai pu pour ne point croire La Mettrie.

Je ne sais pourtant. En relisant ses vers, je suis tombé sur une épître à un peintre nommé Pène, qui est à lui; en voici les premiers vers :

> Quel spectacle étonnant vient de frapper mes yeux !
> Cher Penne, ton pinceau te place au rang des Dieux.

Ce Pène est un homme qu'il ne regarde pas. Cependant c'est le *cher Pène*, c'est un *dieu*. Il pourrait bien en être autant de moi; c'est-à-dire, pas grand'-chose. Peut-être que, dans tout ce qu'il écrit, son esprit seul le conduit, et le cœur est bien loin. Peut-être que toutes ces lettres, où il me prodiguait des bontés si vives et si touchantes, ne voulaient rien dire du tout. Voilà de terribles armes que je vous donne contre moi. Je serai bien condamné d'avoir succombé à tant de caresses. Vous me prendrez pour M. Jourdain, qui disait : *Puis-je rien refuser à un seigneur de la cour qui m'appelle son cher ami ?* Mais je vous répondrai : C'est un roi aimable.

Vous imaginez bien quelles réflexions, quel retour, quel embarras, et, pour tout dire, quel chagrin l'aveu de La Mettrie fait naître. Vous m'allez dire : Partez ; mais moi je ne peux pas dire : Partons. Quand on a commencé quelque chose, il faut le finir, et j'ai deux éditions sur les bras, et des engagements pris pour quelques mois. Je suis en presse de tous les côtés. Que faire ? Ignorer que La Mettrie m'ait parlé, ne me confier qu'à vous, tout oublier, et attendre. Vous serez sûrement ma consolation. Je ne dirai point de vous : Elle m'a trompé en me jurant qu'elle m'aimait. Quand vous seriez reine, vous seriez sincère.

Mandez-moi, je vous en prie, fort au long, tout ce que vous pensez, par le premier courrier qu'on dépêchera à milord Tirconel.

A la même

A Potsdam, 29 octobre.

.....Je rêve toujours à l'*écorce d'orange ;* je tâche de n'en rien croire, mais j'ai peur d'être comme les cocus, qui s'efforcent à penser que leurs femmes sont très fidèles. Les pauvres gens sentent au fond de leur cœur quelque chose qui les avertit de leur désastre.

Ce dont je suis très sûr, c'est que mon gracieux maître m'a honoré d'un bon coup de dents dans les Mémoires qu'il a faits de son règne depuis 1740. Il y a dans ses poésies quelques épigrammes contre l'empereur et contre le roi de Pologne. A la bonne heure; qu'un roi fasse des épigrammes contre les rois, cela peut même aller jusqu'aux ministres; mais il ne devrait pas grêler sur le persil.

Figurez-vous que Sa Majesté, dans ses goguettes, a affublé son secrétaire Darget d'un bon nombre de traits dont le secrétaire est très scandalisé. Il lui fait jouer un plaisant rôle dans son poème du *Palladion*, et le poème est imprimé. Il y en a, à la vérité, peu d'exemplaires.

Que voulez-vous que je vous dise? Il faut se consoler, s'il est vrai que les grands aiment les petits dont ils se moquent; mais aussi, s'ils s'en moquent et ne les aiment point, que faire? Se moquer d'eux à son tour tout doucement, et les quitter de même. Il me faudra un peu de temps pour retirer les fonds que j'avais fait venir dans ce pays-ci. Ce temps sera consacré à la patience et au travail, le reste de ma vie doit vous l'être.

Je suis très aise du retour du frère Isaac[1] d'Argens. Il a d'abord été un peu ébouriffé, mais il s'est remis au ton de l'orchestre. Je l'ai rapatrié avec Algarotti. Nous vivons comme frères; ils viennent dans ma chambre, dont je ne sors guère; de là nous allons souper chez le roi, et quelquefois assez gaiement. Celui qui tombait du haut d'un clocher, et qui, se trouvant fort mollement dans l'air, disait : *Bon, pourvu que cela dure*, me ressemblait assez.

Bonsoir, ma très chère plénipotentiaire; j'ai grande envie de tomber à Paris dans ma maison.

A M. le comte d'Argental

A Potsdam, 13 novembre.

.....On dit que l'abbé de Bernis va être ambassadeur à Venise. Je plains le procurateur de Saint-Marc, s'il a une jolie femme.

[1] Ce prénom d'Isaac est ici une pure fantaisie de Voltaire; c'est une allusion, croyons-nous, aux *Lettres juives* de l'aventureux marquis, dont les vrais prénoms étaient Jean-Baptiste.

(A. T.)

Adieu, mes chers anges, je baise toujours le petit bout de vos ailes. Aviez-vous entendu parler d'un médecin, nommé La Mettrie, brave athée, gourmand célèbre, ennemi des médecins, jeune, vigoureux, brillant, regorgeant de santé? Il va secourir milord Tirconel qui se mourait; notre Irlandais lui fait manger tout un pâté de faisan, et le malade tue son médecin. Astruc[1] en rira, s'il peut rire.

A M. le maréchal duc de Richelieu

A Potsdam, 13 novembre.

Ce La Mettrie, cet *homme-machine*, ce jeune médecin, cette vigoureuse santé, cette folle imagination, tout cela vient de mourir pour avoir mangé, par vanité, tout un pâté de faisan aux truffes. Voilà, mon héros, une de nos farces achevée. La Mettrie est mort précisément de la même maladie dont le roi échappa si heureusement en 1744. Il laisse à Berlin une maîtresse éplorée, qui malheureusement n'est pas jolie,

[1] Médecin consultant de Louis XV (1684-1766). (A. T.)

et à Paris des enfants qui meurent de faim. Il a prié milord Tirconel de le faire enterrer dans son jardin...

Adieu, monseigneur; daignez m'aimer toujours un peu, et vous souvenir un peu de votre ancien serviteur dans le chien de tourbillon où vous êtes. Jouissez, digérez tout le plus longtemps qu'il est possible, et goûtez ce songe de la vie.

A Madame Denis

A Potsdam, 14 novembre.

Protectrice de l'Alcoran[1], nous sommes tous ici malades. Milord Tirconel empire, le comte de Rothembourg se meurt, Darget se plaint à Dieu et aux dames du col de sa vessie; pour le major Chasot, qui a dû vous rendre une lettre, il s'était emmailloté la tête et avait feint une grosse maladie pour avoir permission d'aller à Paris. Il se porte bien celui-là, et si bien qu'il ne reviendra plus. Il avait pris son parti depuis longtemps; mais notre fou de La Mettrie n'a point fait semblant; il vient de prendre le parti de

[1] C'est-à-dire de *Mahomet*. (A. T.)

mourir. Notre médecin est crevé à la fleur de son âge, brillant, frais, alerte, respirant la santé et la joie, et se flattant d'enterrer tous ses malades et tous les médecins; une indigestion l'a emporté.

Je ne reviens point de mon étonnement. Milord Tirconel envoie prier La Mettrie de venir le voir pour le guérir ou pour l'amuser. Le roi a bien de la peine à lâcher son lecteur qui le fait rire, et avec qui il joue. La Mettrie part, arrive chez son malade dans le temps que Mme Tirconel se met à table; il mange et boit, et parle, et rit plus que tous les convives; quand il en a jusqu'au menton, on rapporte un pâté d'aigle déguisé en faisan, qu'on avait envoyé du nord, bien farci de mauvais lard, de hâchis de porc et de gingembre; mon homme mange tout le pâté et meurt le lendemain chez milord Tirconel, assisté de deux médecins dont il s'était moqué. Voilà une grande époque dans l'histoire des gourmands.

Il y a actuellement une grande dispute pour savoir s'il est mort en chrétien ou en médecin. Le fait est qu'il pria le comte de Tirconel de le faire enterrer dans son jardin. Les bienséances n'ont pas permis qu'on eût égard à son testament. Son corps, enflé et gros comme un tonneau, a été porté, bon gré mal gré, dans l'église catholique, où il est tout étonné d'être. Ma chère enfant, les *chênes* tombent, et les *roseaux* demeurent. Le roi a fait pour moi une ode pour m'exhorter à vieillir et à mourir. J'ai bien corrigé son ode, et je ne m'en porte pas mieux. Il me traite vraiment de *divin*, comme le peintre Pène. Nous savons ce que ces mots-là signifient. Cette lettre vous sera rendue par le tartare païen de milord *Maréchal*, qu'il a dépêché ici. Dieu conduise ce bon Calmouck au plus vite !

A la même

Potsdam, 24 décembre.

.....J'aurais voulu demander à La Mettrie, à l'article de la mort, des nouvelles de l'*écorce d'orange*. Cette belle âme, sur le point de paraître devant Dieu, n'aurait pu mentir. Il y a grande apparence qu'il avait dit vrai. C'était le plus fou des hommes, mais c'était le plus ingénu. Le roi s'est fait informer très exactement de la manière dont il était mort ; s'il avait passé par toutes les formes catholiques, s'il y avait eu quelque édification : enfin, il a été bien éclairci que ce gourmand était mort en philosophe. *J'en suis bien aise*, nous a dit le roi, *pour le repos de son âme;* nous nous sommes mis à rire et lui aussi.

Il me disait bien devant d'Argens qu'il m'aurait donné une province pour m'avoir auprès de lui ; cela ne ressemble pas à l'*écorce d'orange*. Apparemment qu'il n'a pas promis de province au chevalier de Chasot. Je suis très sûr qu'il ne reviendra point. Il est fort mécontent et il a d'ailleurs des affaires plus agréables. Laissez-moi arranger les miennes. Est-il possible qu'on crie toujours contre moi dans Paris, et qu'on me prenne pour un déserteur qui est allé servir en Prusse ? Je vous répète que cette clef de chambellan que je ne porte presque jamais, n'est qu'un bénéfice simple ; que je n'ai point fait de serment ; que ma croix est un joujou auquel je préfère mon écritoire ; en un mot, je ne suis point naturalisé vandale, et j'ose croire que ceux qui liront l'*Histoire de Louis XIV* verront bien que je suis Français. Cela est étrange qu'on ne puisse avoir un titre inutile chez un roi de Prusse, qui aime les belles-lettres, sans soulever nos compatriotes !

Je désire plus mon retour que ceux qui me condamnent de m'être en allé, et vous savez que ce ne sera pas pour eux que je reviendrai. Le *Meunier, son*

Fils et l'Ane n'ont pas essuyé plus de contradictions que moi.

On voit de loin les objets bien autrement qu'ils ne sont. Je reçois des lettres de moines qui veulent quitter leur couvent pour venir auprès du roi de Prusse, parce qu'ils ont fait quatre vers français. Des gens que je n'ai jamais connus, m'écrivent : *Comme vous êtes l'ami du roi de Prusse, je vous prie de faire ma fortune*. Un autre m'envoie un paquet de rêveries; il me mande qu'il a trouvé la pierre philosophale et qu'il ne veut dire son secret qu'au roi. Je lui renvoie son paquet, et je lui mande que c'est le roi qui a la pierre philosophale. D'autres, qui vivaient avec moi dans la plus parfaite indifférence, me reprochent tendrement d'avoir quitté mes amis. Ma chère enfant, il n'y a que vos lettres qui me plaisent et qui me consolent; elles font le charme de ma vie.

1752

A la même, à Paris

A Berlin, 18 janvier.

.....Je me tâte pour savoir si je suis en vie; cet hiver m'est encore plus fatal que le précédent. On n'a pourtant chaud en hiver que dans les pays froids. Vos petites cheminées de Paris, où l'on se rôtit les jambes pour avoir le dos gelé, ne valent pas nos poëles. Il semble qu'on ne se doute pas en France, pendant l'été, qu'il y a quatre saisons, et que l'hiver en est une. On dit que c'est pis en Italie : les maisons n'y sont faites que pour respirer le frais; et quand les gelées viennent, toute la nation grelotte.

C'est une chose plaisante de voir ici les courtisans monter l'escalier avec un grand manteau doublé de peaux de loup ou de renard, et très souvent la fourrure en dehors. Cette procession fourrée m'étonne toujours, tandis que les dames vont les bras nus, la gorge découverte, et l'amplitude bouffante du panier ouverte à tous les vents. Je maintiens que les femmes ont plus de courage que les hommes ou qu'elles ont plus de chaleur naturelle. Moi qui en ai fort peu, je reste chez moi à l'ordinaire....

A M. le maréchal duc de Richelieu

A Berlin, 27 janvier.

...Mme de Pompadour m'a écrit que *mes amis avaient fait ce qu'ils avaient pu pour lui faire croire que je n'avais quitté la France que parce que j'étais au désespoir qu'elle protégeât Crébillon.* Ce serait bien là une autre folie, dont assurément je suis incapable. J'ai quitté la France parce que j'ai trouvé ailleurs plus de considération et de liberté, et que je me suis laissé enchanter par les empressements et les prières d'un roi qui a de la réputation dans le monde. Mme de Pompadour peut, tant qu'elle voudra, protéger de mauvais poëtes, de mauvais musiciens et de mauvais peintres, sans que je m'en mette en peine.

D'ailleurs mes maladies, qui augmentent, me mettent dans un état à ne plus guère m'embarrasser ni des faveurs du roi, ni du goût des belles dames. Je fais plus de cas d'un rayon de soleil et d'un bon potage que de toutes les cours du monde. Je serais fâché seulement de mourir sans avoir vu Saint-Pierre de Rome, la ville souterraine, votre statue, et sans avoir encore eu l'honneur de vous embrasser.

.....Je vous regrette tous les jours. Le temps va bien rapidement, et j'ai bien peur de ne reparaître que quand une décrépitude avancée m'aura imposé la nécessité de ne me plus montrer. Je perds loin de vous ce qui me reste de vie. Quelquefois, quand je m'anime un peu à souper, je me dis tout bas : Ah! si M. le maréchal de Richelieu était là! Le roi de

Prusse en pense autant; mais il serait jaloux de vous : car, il faut l'avouer, il n'est que le second des hommes séduisants. Adieu, monseigneur, n'oubliez pas votre ancien courtisan.

A M. le comte d'Argental

Berlin, 6 février.

Mon très cher ange, l'état où je suis ne me laisse guère de sensibilité que pour vos bontés et pour votre amitié. Ma santé est sans ressource. J'ai perdu mes dents, mes cinq sens, et le sixième s'en va au grand galop. Cette pauvre âme, qui vous aime de tout son cœur, ne tient plus à rien. Je me flatte encore, parce qu'on se flatte toujours, que j'aurai le temps d'aller prendre des eaux chaudes et des bains. Je ne veux pas perdre le fond de la boîte de Pandore; mais l'hiver est bien rude et sera bien long.

A M. Bagieux

chirurgien-major des gendarmes de la garde, etc.

A Potsdam, le 18 avril.

.....Le roi de Prusse qui, après avoir remporté cinq victoires, donné la paix, réformé les lois, embelli son pays, après en avoir écrit l'histoire, daigne encore faire de très beaux vers, m'a adressé une ode sur cette nécessité à laquelle nous devons nous soumettre. Cet ouvrage et votre lettre valent mieux pour moi que toutes les facultés de la terre. Je ne dois pas me plaindre de mon sort. J'ai atteint l'âge de cinquante-huit ans avec le corps le plus faible, et j'ai vu mourir les plus robustes à la fleur de leur âge. Si vous aviez vu milord Tirconel et La Mettrie, vous seriez bien étonné que ce fût moi qui fût en vie : le régime m'a sauvé. Il est vrai que j'ai perdu presque toutes mes dents par une maladie dont j'ai apporté le principe en naissant ; chacun a dans soi-même, dès sa conception, la cause qui le détruit. Il faut vivre avec cet ennemi jusqu'à ce qu'il nous tue. Le remède de Demouret ne me convient pas ; il n'est bon que contre les scorbuts accidentels et déclarés, et non contre les affections d'un sang saumuré et d'organes desséchés qui ont perdu leurs ressorts et leur mollesse. Les eau de Barège, de Padoue, d'Ischia pourraient me faire du bien pour un temps; mais je ne sais s'il ne vaut pas mieux savoir souffrir en paix, au coin de son feu, avec du régime, que d'aller chercher si loin une santé si incertaine et si courte. La vie que je mène auprès du roi de Prusse est précisément ce qui convient à un malade: une liberté entière, pas le moindre assujettissement, un souper léger et gai: *Deus nobis hæc otia fecit.* Il me rend heureux autant qu'un malade peut l'être, et vous ajoutez à mes consolations par l'intérêt que vous avez bien voulu prendre à mon état. Regardez-moi, je vous en supplie, monsieur, comme un ami que vous vous êtes fait à quatre cents lieues. Je me flatte que cet été je viendrai vous dire avec quelle tendre reconnaissance je serai toujours, etc.

A Madame Denis

A Potsdam, le 22 mai.

.....Depuis l'abbé Desfontaines, à qui je sauvai la vie, jusqu'à des gredins à qui j'ai fait l'aumône, tous ont écrit contre moi des volumes d'injures ; ils ont imprimé ma vie ; elle ressemble aux *Amours du révérend P. La Chaise*, confesseur de Louis XIV. Ces beaux libelles sont vendus aux foires d'Allemagne, et les beaux esprits du nord en ornent leurs bibliothèques. La calomnie passe les monts et les mers. Le même Jésuite contre lequel les Jansénistes auront écrit sur la grâce et sur les lettres de cachet, trouve à Pékin et à Macao des Dominicains qu'il faut combattre. *Qui plume a, guerre a.* Ce monde est un vaste temple dédié à la discorde.

Notre académie de Berlin est une chapelle tout-à-fait sous la protection de cette divinité. Maupertuis vient d'y faire un petit coup de tyrannie qui n'est pas d'un philosophe. Il a fait, de son autorité privée, déclarer faussaire, dans une assemblée de l'Académie, un de ses membres nommé Kœnig, grand géomètre, bibliothécaire de madame d'Orange, et professeur de droit public à La Haye. Ce Kœnig est un homme de mérite, un brave Suisse, qui est très incapable d'être faussaire. J'ai vécu pendant près de deux ans avec lui, chez feu Mme la marquise du Châtelet, qu'il initia aux mystères de la secte leibnitzienne. Il ne sera pas homme à souffrir un pareil affront.

Je ne suis pas encore bien informé des détails de ce

commencement de guerre. Je ne sors point de Potsdam. Maupertuis est à Berlin, malade, pour avoir bu un peu trop d'eau-de-vie, que les gens de son pays ne haïssent pas. Il me porte cependant tous les coups fourrés qu'il peut, et j'ai peur qu'il ne me fasse plus de tort qu'à Kœnig. Un faux rapport, un mot jeté à propos qui circule, qui va à l'oreille du roi, et qui reste dans son cœur, est une arme contre laquelle il n'y a souvent point de bouclier. D'Argens n'avait pas si mal fait d'aller au bord de la Méditerranée ; je ferai encore bien mieux d'aller au bord de la Seine.

A la même, à Paris

A Potsdam, le 24 juillet.

Vous avez la plus grande raison, vous et vos amis, de presser mon retour ; mais vous ne m'en avez pas toujours pressé par des courriers extraordinaires ; et ce qu'on mande par la poste est bientôt su. Quand il il n'y aurait que ce malheur-là dans l'absence (et il y en avait d'autres !) il faudrait ne jamais quitter sa famille et ses amis. L'établissement des postes est une belle chose, mais c'est pour les lettres de change. Le cœur n'y trouve pas son compte : il n'est plus permis de l'ouvrir dès qu'on est éloigné.

La plus grande des consolations est interdite : je ne vous écris plus, ma chère enfant, que par des voies sûres qui sont rares. Voici mon état : Maupertuis a fait discrètement courir le bruit que je trouvais les ouvrages du roi fort mauvais; il m'accuse de conspirer contre une puissance dangereuse qui est l'amour-propre; il débite sourdement que le roi m'ayant envoyé de ses vers à corriger, j'avais répondu : *Ne se lassera-t-il point de m'envoyer son linge sale à blanchir?* Il tient cet étrange discours à l'oreille de dix ou douze personnes, en leur recommandant bien à toutes le secret. Enfin, je crois m'apercevoir que le roi a été à la fin dans la confidence. Je ne fais que m'en douter; je ne peux m'éclaircir. Ce n'est pas là une situation bien agréable; mais ce n'est pas tout.

Il arriva ici, sur la fin de l'année passée, un jeune homme, nommé La Beaumelle[1], qui est, je crois, de

[1] Laurent Angliviel de La Beaumelle, littérateur (1726-1793). Il doit l'avantage d'être fort connu à sa querelle avec Voltaire bien plus qu'à ses écrits. Il avait été élevé à Genève, mais il était né à Valerangue, dans le Bas-Languedoc. *Voir notice sur la vie et les écrits de La Beaumelle*, par M. Michel Nicolas (1852), et les *Ennemis de Voltaire*, par M. Ch. Nisard. (A. T.)

Genève, et qui est renvoyé de Copenhague, où il était moitié prédicateur, moitié bel esprit. Il est l'auteur d'un livre intitulé : *Mes Pensées*, livre où il dit librement son avis sur toutes les puissances de l'Europe. Maupertuis, avec sa bonté ordinaire et sans y entendre malice, alla persuader à ce jeune homme que j'avais dit au roi du mal de son livre et de sa personne, et que je l'avais empêché d'entrer au service de Sa Majesté. Aussitôt ce La Beaumelle, pour réparer le tort prétendu que j'avais fait à sa fortune, a préparé des notes scandaleuses pour le *Siècle de Louis XIV*, qu'il va faire imprimer, je ne sais où. Ceux qui ont vu ces belles notes disent qu'il y a autant de sottises que de mots.

Quant à la querelle de Maupertuis et de Kœnig, en voici le sujet :

Ce Kœnig est amoureux d'un problème de géométrie, comme les anciens paladins de leurs dames. Il fit, l'année passée, le voyage de La Haye à Berlin, uniquement pour aller conférer avec Maupertuis sur une formule d'algèbre, et sur une loi de la nature dont vous ne vous souciez guère. Il lui montra deux lettres d'un vieux philosophe du siècle passé, nommé Leibnitz, dont vous ne vous souciez pas davantage, et il lui fit voir que Leibnitz avait parlé de la même loi et combattait son sentiment. Maupertuis, qui est plus occupé de ce qu'il croit intrigues de cour que de vérités géométriques, ne lut pas seulement les lettres de Leibnitz.

Le professeur de La Haye lui demanda la permission d'exposer son opinion dans les journaux de Leipsick; et, avec cette permission, il réfuta, le plus poliment du monde, dans ces journaux, l'opinion de Maupertuis, et s'appuya de l'autorité de Leibnitz, dont il fit imprimer les fragments qui avaient rapport à cette dispute. Voici ce qui est étrange :

Maupertuis, ayant parcouru et mal lu ce journal de Leipsick et ces fragments de Leibnitz, alla se mettre dans la tête que Leibnitz était de son opinion, et que Kœnig avait forgé ces lettres pour lui ravir, à lui Maupertuis, la gloire d'avoir inventé une bévue. Sur ce beau fondement, il fait assembler les académiciens pensionnaires dont il distribue les gages; il accuse formellement Kœnig d'être un faussaire, et fait passer un jugement contre lui sans que personne opine, et malgré les oppositions du seul géomètre qui fût à cette assemblée.

Il fit encore mieux. Il ne se trouva pas au jugement, mais il écrivit une lettre à l'Académie, pour demander la grâce du coupable qui était à La Haye, et qui, ne pouvant être pendu à Berlin, fut seulement déclaré faussaire et fripon géomètre avec toute la modération imaginable.

Ce beau jugement est imprimé. Voici maintenant le comble : notre modeste président écrit deux lettres à Mme la princesse d'Orange, dont Kœnig est le bibliothécaire, pour la prier de lui imposer silence, et pour ravir à son ennemi condamné et flétri la permission de défendre son honneur.

Je n'ai appris que d'hier tous ces détails dans ma solitude. On ne laisse pas de voir des choses nouvelles sous le soleil : on n'avait point encore vu de procès criminel dans une Académie des Sciences. C'est une vérité démontrée qu'il faut s'enfuir de ce pays-ci.

Je mets ordre tout doucement à mes affaires. Je vous embrasse très tendrement.

A la même, à Paris

A Potsdam, 9 septembre.

Je commence, ma chère enfant, à sentir que j'ai un pied hors du château d'Alcime. Je remets entre les mains de M. le duc de Wurtemberg les fonds que j'avais fait venir à Berlin; il nous en fera une rente viagère sur nos deux têtes. La mienne ne lui coûtera pas beaucoup d'arrérages, mais je voudrais que la vôtre fît payer ses enfants et ses petits-enfants.

Cet emploi de mon bien est d'autant meilleur que le paiement est assigné sur les domaines que le feu duc de Wurtemberg a en France. Nous avons des souverainetés hypothéquées, et nous ne serons point payés avec un *car tel est notre bon plaisir*. Ce qu'il y a de douloureux dans une si bonne affaire, c'est que je ne pourrai la consommer que dans quelques mois. Elle est sûre, les parolés sont données : paroles de princes, il est vrai; mais ils les tiennent dans les petites occasions, et puis nous aurons un bon et beau contrat. Les princes ont de l'honneur; ils ne trompent que les souverains quand il s'agit du salut du peuple ou de ces respectables et héroïques friponneries d'ambition, devant lesquelles l'honneur n'est qu'un conte de vieille.

J'ai perdu quelquefois une partie de mon bien avec des financiers, avec des dévots, avec des gens de l'*Ancien-Testament*, qui auraient fait scrupule de manger d'un poulet bardé, qui auraient mieux aimé mourir que de n'être pas oisifs le jour du sabbat, et de ne pas voler le dimanche; mais je n'ai jamais rien perdu avec les grands, excepté mon temps.

Vous pouvez, en un mot, compter sur la solidité de cette affaire et sur mon départ. Je ferai voile de l'île de Calypso sitôt que ma cargaison sera prête, et je serai beaucoup plus aise de retrouver ma nièce, que le vieil Ulysse ne le fut de retrouver sa vieille femme.

A Madame la marquise du Deffant

Potsdam, 23 septembre.

M. l'envoyé de Suède m'a dit, madame, que vous vous souvenez toujours de moi avec une bonté qui ne s'est pas démentie. Nous avons fait, au petit couvert du roi de la terre qui a le plus d'esprit, un souper où il ne manquait que vous. Il veut se charger des regrets que j'ai d'avoir perdu une société telle que la vôtre, et de vous envoyer ma lettre.

Vous avez diminué mon envie de faire un tour à Paris, lorsque vous l'avez abandonné; mais j'espère toujours vous y retrouver quelque jour. La retraite a ses charmes, mais Paris a aussi les siens.

Il vous paraît étonnant, peut-être, que je me vante d'être dans la retraite quand je suis à la cour d'un grand roi; mais, madame, il ne faut pas s'imaginer que j'arrive le matin à une toilette, avec une perruque poudrée à blanc, que j'aille à la messe en cérémonie, que de là j'assiste à un diner, que je fasse mettre dans les gazettes que j'ai les grandes entrées; et qu'après dîner je compose des cantiques ou des romances.

Ma vie n'a pas ce brillant; je n'ai pas la moindre cour à faire, pas même au maître de la maison; et ce n'est pas à des cantiques que je travaille. J'ai auprès de moi deux ou trois impies avec lesquels je dîne régulièrement et plus sobrement qu'un dévot. Quand je me porte bien, je soupe avec le roi, et la conversation ne roule ni sur les tracasseries particulières, ni sur les inutilités générales, mais sur le bon goût, sur tous les arts, sur la vraie philosophie, sur le moyen d'être heureux, sur celui de discerner le vrai d'avec le faux, sur la liberté de penser, sur les vérités que Locke enseigne et que la Sorbonne ignore, sur le secret de mettre la paix hors d'un royaume par des *billets de confession*. Enfin, depuis plus de deux ans que je suis dans ce qu'on croit une cour, et qui n'est, en effet, qu'une retraite de philosophes, il n'y a point eu de jour où je n'aie trouvé à m'instruire.

Jamais on n'a mené une vie plus convenable à un malade, car, n'ayant aucune visite à faire, aucun devoir à rendre, j'ai tout mon temps à moi et on ne peut pas souffrir plus à son aise. Je jouis de la tranquillité et de la liberté que vous goûtez où vous êtes. Cela vaut bien les orages ridicules que j'ai essuyés à Paris.....

A madame Denis

A Potsdam, le 1er octobre.

Je vous envoie hardiment l'*Appel au public* de Kœnig. Vous lirez avec plaisir l'histoire du procédé. Cet ouvrage est parfaitement bien fait; l'innocence et la raison y sont victorieuses. Paris pensera comme l'Allemagne et la Hollande. Maupertuis est regardé ici comme un tyran absurde; mais j'ai peur que son abominable conduite n'ait des suites bien funestes.

Il avait agi dans toute cette affaire en homme plus consommé dans l'intrigue que dans la géométrie; il avait secrètement irrité le roi de Prusse contre Kœnig, et s'était adroitement servi de son autorité pour faire chercher les originaux des lettres de Leibnitz dans un endroit où il savait bien qu'ils n'étaient pas; il avait, par cette indigne manœuvre, mis le roi de moitié avec lui. Croiriez-vous que le roi, au lieu d'être indigné, comme il le devait être, d'avoir été compromis et trompé, prend avec chaleur le parti de ce tyran philosophe ? Il ne veut pas seulement lire la réponse de Kœnig. Personne ne peut lui ouvrir les yeux qu'il veut fermer. Quand une fois la calomnie est entrée dans l'esprit d'un roi, elle est comme la goutte chez un prélat : elle n'en déloge point.

Au milieu de ces querelles, Maupertuis est devenu tout à fait fou. Vous n'ignorez pas qu'il avait été enchaîné à Montpellier, dans un de ses accès, il y a une vingtaine d'années. Son mal lui a repris violemment. Il vient d'imprimer un livre où il prétend qu'on ne peut prouver l'existence de Dieu que par une formule d'algèbre; que chacun peut prédire l'avenir en exaltant son âme; qu'il faut aller aux terres australes pour y disséquer des géants hauts de dix pieds, si on veut connaître la nature de l'entendement humain. Tout le livre est dans ce goût. Il l'a lu à des Berlinoises, qui le trouvent admirable.

Voilà pourtant l'homme qui s'était fait je ne sais quelle réputation pour avoir été à Tornéo enlever deux Suédoises. Ce malheureux avait été mon ami. Il était venu à Cirey passer quelque mois avec ce même Kœnig, et il nous persécute aujourd'hui l'un et l'autre avec fureur. C'est bien aujourd'hui qu'il le faudrait enchaîner. J'avais eu le malheur de l'aimer et même de le louer, car j'ai toujours été dupe.

Un des motifs de sa haine contre moi vient de ce qu'à ma réception à l'Académie française je ne le comparai pas à Platon, et le roi de Prusse à Denys de Syracuse. Il a eu la démence de s'en plaindre à Berlin. Quel Platon! quelle académie! quel siècle! et où suis-je! Ah! que M. le duc de Wurtemberg finisse bientôt notre marché, et que je revienne auprès de vous oublier les fous et les géomètres.

A la même

A Potsdam, le 15 octobre.

Voici qui n'a point d'exemple et qui ne sera pas imité; voici qui est unique. Le roi de Prusse, sans avoir lu un mot de la réponse de Kœnig, sans écouter, sans consulter personne, vient d'écrire, vient de faire imprimer une brochure contre Kœnig, contre moi, contre tous ceux qui ont voulu justifier l'innocence de ce professeur si cruellement condamné. Il traite tous ses partisans d'envieux, de sots, de malhonnêtes gens. La voici, cette brochure singulière, et c'est un roi qui l'a faite[1]!

Les journalistes d'Allemagne, qui ne se doutaient pas qu'un monarque, qui a gagné des batailles, fût l'auteur d'un tel ouvrage, en ont parlé librement, comme de l'essai d'un écolier qui ne sait pas un mot de la question. Cependant, on a réimprimé la brochure à Berlin, avec l'aigle de Prusse, une couronne, un sceptre, au-devant du titre. L'aigle, le sceptre et la couronne sont bien étonnés de se trouver-là. Tout le monde hausse les épaules, baisse les yeux et n'ose parler. Si la vérité est écartée du trône, c'est surtout lorsqu'un roi se fait auteur. Les coquettes, les rois, les poètes sont accoutumés à être flattés. Frédéric réunit ces trois couronnes-là. Il n'y a pas moyen que la vérité perce ce triple mur de l'amour-propre. Maupertuis n'a pu parvenir à être Platon, mais il veut que son maître soit Denys de Syracuse.

Ce qu'il y a de plus rare dans cette cruelle et ridicule affaire, c'est que le roi n'aime point du tout

[1] Elle était intitulée : *Lettre au public.* (A. T.)

Maupertuis, en faveur duquel il emploie son sceptre et sa plume. Platon a pensé mourir de douleur de n'avoir point été de certains petits soupers où j'étais admis; et le roi nous a avoué cent fois que la vanité féroce de ce Platon le rendait insociable.

Il a fait pour lui de la prose, cette fois-ci, comme il avait fait des vers pour d'Arnaud, pour le plaisir d'en faire; mais il y a entre un plaisir bien moins philosophe, celui de me mortifier : c'est être bien auteur !

Mais ce n'est encore que la moindre partie de ce qui s'est passé. Je me trouve malheureusement auteur aussi, et dans un parti contraire. Je n'ai point de sceptre, mais j'ai une plume; et j'avais, je ne sais comment, taillé cette plume de façon qu'elle a tourné un peu Platon en ridicule[1] sur ses géants, sur ses prédications, sur ses dissections, sur son impertinente querelle avec Kœnig. La raillerie est innocente; mais je ne savais pas alors que je tirais sur les plaisirs du roi. L'aventure est malheureuse. J'ai affaire à l'amour-propre et au pouvoir despotique, deux êtres bien dangereux. J'ai d'ailleurs tout lieu de présumer que mon marché avec M. le duc de Wurtemberg a déplu. On l'a su, et on m'a fait sentir qu'on le savait. Il me

[1] Dans la *Diatribe du docteur Akakia*. (A. T.)

semble pourtant que Titus et Marc-Aurèle n'auraient point été fâchés contre Pline, si Pline avait placé une partie de son bien sur la tête de Plinia, dans le Montbéliard.

Je suis actuellement très affligé et très malade, et, pour comble, je soupe avec le roi. C'est le festin de Damoclès. J'ai besoin d'être aussi philosophe que le vrai Platon l'était chez le vrai Denys.

A la même, à Paris

A Berlin, 18 décembre.

Je vous envoie, ma chère enfant, les deux contrats du duc de Wurtemberg; c'est une petite fortune sauvée pour votre vie. J'y joins mon testament. Ce n'est pas que je croie à votre ancienne prédiction, que le roi de Prusse me ferait mourir de chagrin. Je ne me sens pas d'humeur à mourir d'une si sotte mort; mais la nature me fait beaucoup plus de mal que lui, et il faut toujours avoir son paquet prêt et le pied à l'étrier pour voyager dans cet autre monde où, quelle que chose qui arrive, les rois n'auront pas grand crédit.

Comme je n'ai pas dans ce monde-ci cent cinquante mille moustaches à mon service, je ne prétends point du tout faire la guerre. Je ne songe qu'à déserter honnêtement, à prendre soin de ma santé, à vous revoir, à oublier ce rêve de trois années.

Je vois bien qu'on *a pressé l'orange;* il faut penser à sauver l'écorce. Je vais me faire, pour mon instruction, un petit dictionnaire à l'usage des rois.

Mon ami signifie *mon esclave.*

Mon cher ami veut dire *vous m'êtes plus qu'indifférent.*

Entendez par *je vous rendrai heureux : je vous souffrirai tant que j'aurai besoin de vous.*

Soupez avec moi ce soir signifie *je me moquerai de vous ce soir.*

Le dictionnaire peut être long; c'est un article à mettre dans l'*Encyclopédie.*

Sérieusement, cela serre le cœur. Tout ce que j'ai vu est-il possible? Se plaire à mettre mal ensemble ceux qui vivent ensemble avec lui! Dire à un homme les choses les plus tendres et écrire contre lui des brochures! et quelles brochures! Arracher un homme à sa patrie par les promesses les plus sacrées et le maltraiter avec la malice la plus noire! que de contrastes! Et c'est là l'homme qui m'écrivait tant de choses philosophiques, et que j'ai cru philosophe! Et je l'ai appelé le *Salomon du Nord !*

Vous vous souvenez de cette belle lettre qui ne vous a jamais rassurée. *Vous êtes philosophe,* disait-il; *je le suis aussi*. Ma foi, sire, nous ne le sommes ni l'un ni l'autre.

Ma chère enfant, je ne me croirai tel que quand je serai avec mes pénates et avec vous. L'embarras est de sortir d'ici. Vous savez ce que je vous ai mandé dans ma lettre du 1er novembre. Je ne peux demander de congé qu'en considération de ma santé. Il n'y a pas moyen de dire : Je vais à Plombières au mois de décembre.

Il y a ici une espèce de ministre du Saint-Evangile, nommé Pérard, né comme moi en France : il demandait permission d'aller à Paris pour ses affaires; le roi lui fit répondre qu'il connaissait mieux ses affaires que lui-même, et qu'il n'avait nul besoin d'aller à Paris.

Ma chère enfant, quand je considère un peu en détail tout ce qui se passe ici, je finis par conclure que cela n'est pas vrai, que cela est impossible, qu'on se trompe, que la chose est arrivée à Syracuse, il y a quelque trois mille ans. Ce qui est bien vrai, c'est que je vous aime de tout mon cœur et que vous faites ma consolation.

1753

A la même, à Paris

Berlin, 13 janvier.

J'ai renvoyé au *Salomon du Nord*, pour ses étrennes, les grelots et la marotte qu'il m'avait donnés, et que vous m'avez tant reprochés. Je lui ai écrit une lettre très respectueuse, et je lui ai demandé mon congé. Savez-vous ce qu'il a fait? Il m'a envoyé son grand factotum de Fédersdorf qui m'a rapporté mes brimborions. Il m'a écrit qu'il aimait mieux vivre avec moi qu'avec Maupertuis. Ce qui est bien certain, c'est que je ne veux vivre ni avec l'un ni avec l'autre.

Je sais qu'il est difficile de sortir d'ici; mais il y a encore des hippogriffes pour s'échapper de chez Madame *Alcine*. Je veux partir absolument, c'est tout ce que je peux vous dire, ma chère enfant. Il y a trois ans bientôt que je le dis et que je devrais l'avoir fait.

J'ai déclaré à Fédersdorf que ma santé ne me permettait pas plus longtemps un climat si dangereux.

Adieu, faites du paquet ci-joint l'usage que votre amitié et votre prudence vous dicteront....

A M. de la Virotte

Berlin, 28 janvier.

Je fais trop cas de votre jugement, monsieur, pour ne pas m'en rapporter à vous sur cet étrange procès criminel fait par l'amour-propre de Maupertuis à la sincérité de Kœnig, procès dans lequel j'ai été impliqué malgré moi, parce que Kœnig ayant vécu deux ans de suite avec moi à Cirey, il est mon ami; parce que j'ai cru avec l'Europe littéraire qu'il avait raison, parce que je hais la tyrannie. Quand le roi de Prusse me demanda au roi par son envoyé, quand j'acceptai sa croix, sa clef de chambellan et ses pensions, je crus recevoir les bienfaits d'un grand prince, qui me promit de me traiter toujours comme son *ami* et comme *son maître dans les arts qu'il cultive:* ce sont ses propres paroles. Il ajouta que je n'aurais jamais aucune *inconstance à craindre d'un cœur reconnais-*

sant; et il voulut que ma nièce fût la dépositaire de cette lettre, qui devait lui servir de reproche éternel, s'il démentait ses sentiments et ses promesses.

Je n'ai jamais démenti mon attachement pour lui; j'avais eu un enthousiasme de seize années, mais il m'a guéri de cette longue maladie. Je n'examine point si, dans une familiarité de deux ans et plus, un roi se dégoûte d'un courtisan; si l'amour-propre d'un disciple qui a du génie s'irrite en secret contre son *maître;* si la jalousie et les faux rapports, qui empoisonnent les sociétés des particuliers, portent encore plus aisément leur venin dans les maisons des rois; tout ce que je sais, c'est qu'en me donnant au roi de Prusse, je ne me suis pas donné comme un courtisan, mais comme un homme de lettres, et qu'en fait de disputes littéraires je ne connais point de rois. Je n'aime que trop ce prince, et j'ai été fâché, pour sa gloire, qu'il ait pris parti contre Kœnig, sans être instruit du fond de la dispute; qu'il ait écrit une brochure violente contre tous ceux qui ont défendu ce philosophe, c'est-à-dire contre tous les gens éclairés de l'Europe, et cela sans avoir lu son *Appel*. Il a été trompé par Maupertuis. Il n'est pas étonnant, il n'est pas honteux pour un roi d'être trompé; mais ce qui serait bien glorieux, ce serait d'avouer son erreur.

Je lui ai renvoyé son cordon, sa clef d'or, ornements très peu convenables à un philosophe, et que je ne porte presque jamais. Je lui ai remis tout ce qu'il me doit de mes pensions. Il a eu la bonté de me rendre tout et de m'inviter à le suivre à Potsdam, où il me donne, dans sa maison, le même appartement que j'ai toujours occupé. J'ignore si ma santé, qui est plus déplorable que mon aventure, me permettra de suivre Sa Majesté.

A M. le comte d'Argental, à Paris

10 février.

J'ai été bien malade, mon cher et respectable ami, je le suis encore. Le roi de Prusse m'a envoyé de l'extrait de quinquina.

> ... Tanquam hæc sint nostri medicina *doloris*,
> Vel Deus ille malis hominum mitescere discat.

Il devait bien mieux m'envoyer une permission de partir pour aller me guérir ou mourir ailleurs. Il n'a plus nul besoin de moi. Il sait à présent mieux que moi la langue française; il écrit français par un *a;* il fait de bonne prose et de bons vers. Il a écrit, sans me consulter, une philippique sur la querelle de Maupertuis; il l'a pris pour Auguste et moi pour Marc-Antoine. Maupertuis l'a fait imprimer en allemand et en italien, avec les aigles prussiennes à la tête. Battu à Actium et à la tribune aux harangues, il ne me reste qu'à aller mourir dans cette terre que vous me proposez, et de vous embrasser avant ma mort. Voici une espèce de testament littéraire que je vous envoie. Mille tendres respects à tous les anges.

Je vous prie de donner copie de mon testament.

A M. le marquis d'Argens, à Potsdam

Berlin, 16 février.

Je me meurs, mon cher marquis, et j'ai la force de vous avouer ma faiblesse. Je ne vous nierai pas certainement que ma douleur est inexprimable. J'ai voulu me vaincre et venir à Potsdam, mais je suis retombé, la veille de mon départ, dans un état dont il n'y a pas d'apparence que je relève. Mon érysipèle est rentré; la dyssenterie est revenue; j'ai souvent la fièvre; il y a quatorze jours que je suis dans mon lit. Je suis seul, sans aucune consolation, à quatre cents lieues d'une famille en larmes, à qui je sers de père. Voilà mon état. Je compte sur votre amitié, qui fait presque ma seule consolation, et je vous embrasse tendrement.

A M. le comte d'Argental

Berlin, 26 février.

Mon cher ange, j'ai été très malade, et en même temps plus occupé qu'un homme en santé; étonné de travailler dans l'état où je suis, étonné d'exister encore, et me soutenant par l'amitié, c'est-à-dire par vous et par Mme Denis. Je suis ici le meunier de La Fontaine. On m'écrit de tous côtés : Partez.

Fuge crudeles terras, fuge littus *iniquum*.
(Virg. *Eneïd.*, l. v. II.)

Mais partir quand on est depuis un mois dans son lit, et qu'on n'a point de congé; se faire transporter, couché, à travers cent mille baïonnettes, cela n'est pas tout à fait aussi aisé qu'on le pense. Les autres me disent : Allez-vous-en à Potsdam, le roi vous a fait chauffer votre appartement ; allez souper avec lui : cela m'est encore plus difficile. S'il s'agissait d'aller faire une intrigue de cour, de parvenir à des honneurs et à la fortune, de repousser les traits de la calomnie, de faire ce qu'on fait tous les jours auprès des rois, j'irais jouer ce rôle-là tout comme un autre ; mais c'est un rôle que je déteste, et je n'ai rien à demander à aucun roi. Maupertuis, que vous avez si bien défini, est un homme que l'excès d'amour-propre a rendu très fou dans ses écrits et très méchant dans sa conduite ; mais je ne me soucie point du tout d'aller dénoncer sa méchanceté au roi de Prusse. J'ai plus à reprocher au roi qu'à Maupertuis ; car j'étais venu pour Sa Majesté, et non pour ce président de Bedlam. J'avais tout quitté pour elle et rien pour Maupertuis ; elle m'avait fait des serments d'amitié à toute épreuve, et Maupertuis ne m'avait rien promis ; il a fait son métier de perfide en intéressant sourdement l'amour-propre du roi contre moi. Maupertuis savait mieux qu'un autre à quel excès se porte l'orgueil littéraire. Il avait su prendre le roi par son faible. La calomnie est entrée très aisément dans son cœur, né jaloux et soupçonneux. Il s'en faut beaucoup que le cardinal de Richelieu ait porté autant d'envie à Corneille que le roi de Prusse m'en portait.

Tout ce que j'ai fait, pendant deux ans, pour mettre ses ouvrages de prose et de vers en état de paraître, a été un service dangereux, qui déplaisait dans le temps même qu'il affectait de m'en remercier avec effusion de cœur. Enfin, son orgueil d'auteur piqué l'a porté à écrire une malheureuse brochure contre moi, en faveur de Maupertuis, qu'il n'aime point du tout. Il a senti, avec le temps, que cette brochure le couvrirait de honte et de ridicule dans toutes les cours de l'Europe; et cela l'aigrit encore. Pour achever le galimatias qui règne dans toute cette affaire, il veut avoir l'air d'avoir fait un acte de justice et de le couronner par un acte de clémence. Il n'y a aucun de ses sujets, tout Prussiens qu'ils sont, qui ne le désapprouve; mais vous jugez bien que personne ne le lui dit. Il faut qu'il se dise tout à lui-même; et ce qu'il se dit en secret, c'est que j'ai la volonté et le droit de laisser à la postérité sa condamnation par écrit. Pour le droit, je crois l'avoir; mais je n'ai d'autre volonté que de m'en aller, et d'achever dans la retraite le reste de ma carrière, entre les bras de l'amitié et loin des griffes des rois qui font des vers et de la prose. Je lui ai mandé tout ce que j'ai sur le cœur; je l'ai éclairci; je lui ai dit tout. Je n'ai plus qu'à lui demander une seconde fois mon congé. Nous verrons s'il refusera à un moribond la permission d'aller prendre les eaux.

Tout le monde me dit qu'il me la refusera ; je le voudrais pour la rareté du fait. Il n'aura qu'à ajouter à l'*Anti-Machiavel* un chapitre sur le droit de retenir les étrangers de force, et le dédier à Busiris.

Quoi qu'on me dise, je ne le crois pas capable d'une si atroce injustice. Nous verrons. J'exige de vous et de Mme Denis que vous brûliez tous deux les lettres que je vous écris par cet ordinaire ou plutôt par cet extraordinaire. Adieu, mes chers anges.

A madame Denis, à Paris

A Berlin, 15 mars.

Je commence à me rétablir, ma chère enfant. J'espère que votre ancienne prédiction ne sera pas tout à fait accomplie. Le roi de Prusse m'a envoyé du quinquina pendant ma maladie ; ce n'est pas cela qu'il me faut, c'est mon congé. Il voulait que je retournasse à Potsdam. Je lui ai demandé la permission d'aller à Plombières ; je vous donne en cent à deviner la réponse. Il m'a fait écrire par son factotum qu'il y avait des eaux excellentes à Glatz, vers la Moravie.

Voilà qui est horriblement vandale et bien peu *Salomon;* c'est comme si on envoyait prendre les eaux en Sibérie. Que voulez-vous que je fasse? Il faut bien aller à Potsdam; alors il ne pourra me refuser mon congé. Il ne soutiendra pas le tête-à-tête d'un homme qui l'a enseigné deux ans, et dont la vue lui donnera des remords. Voilà ma dernière résolution.

Au bout du compte, quoique tout ceci ne soit pas de notre siècle, les taureaux de Phalaris et les lits de de fer de Busiris ne sont plus en usage; et *Salomon minor* ne voudra être ni Busiris ni Phalaris. J'ai ce pays-ci en horreur; mon paquet est tout fait. J'ai envoyé tous mes effets hors du Brandebourg; il ne reste guère que ma personne.

Tout ceci est unique assurément. Voici les deux *Lettres au public*. Le roi a écrit et imprimé ces brochures, et tout Berlin dit que c'est pour faire voir qu'il peut très bien écrire sans mon petit secours. Il le peut, sans doute; il a beaucoup d'esprit. Je l'ai mis en état de se passer de moi, et le marquis d'Argens lui suffit. Mais un roi devrait chercher d'autres sujets pour exercer son génie.

Personne ne lui a dit à quel point cela le dégrade.

O vérité ! vous n'avez point de charge dans la maison des rois auteurs ! Mais qu'il fasse des brochures tant qu'il voudra et qu'il ne persécute point un homme qui lui a fait tant de sacrifices.

J'ai le cœur serré de tout ce que je vois et de tout ce que j'entends. Adieu, j'ai tant de choses à vous dire que je ne dis rien.

A M. le marquis d'Argens

Frère, je prends congé de vous, je m'en sépare avec regrets. Votre frère vous conjure, en partant, de repousser les assauts du démon qui voudrait faire, pendant mon absence, ce qu'il n'a pu faire quand nous avons vécu ensemble : il n'a pu semer la zizanie. J'espère qu'avec la grâce du Seigneur, frère *Gaillard*[1] ne la laissera pas approcher de son champ. Je me recommande à vos prières et aux siennes. Elevez vos cœurs à Dieu, mes chers frères, et fermez vos

[1] L'abbé de Prade (1729-1782). Ayant soutenu, en 1751, une thèse dont les propositions, contraires à la doctrine de l'Eglise, firent scandale, il dut se réfugier en Hollande, puis se rendit à Berlin, où Voltaire lui fit obtenir la place de lecteur de Frédéric. (A. T.)

oreilles aux discours des hommes; vivez recueillis et aimez toujours votre frère.

Démêlés avec Maupertuis et La Beaumelle. — Frédéric se déclare pour Maupertuis — Voltaire se rend à Potsdam. — Son départ de la Prusse. — Séjour à Leipsick, puis à la cour de Gotha. — Nouveau départ. — Aventure de Francfort.

Maupertuis [1], arrivé avant Voltaire à la cour de Frédéric, revêtu du titre de président de l'Académie de Berlin, considéré comme bon géomètre, jaloux à

[1] « La raillerie de Voltaire, à quelque objet qu'elle s'attaque, est tellement incisive, que tous ses adversaires, sérieux ou frivoles, innocents ou coupables, une fois atteints et mordus, en ont gardé la trace. Qu'est-ce que Maupertuis aujourd'hui pour quiconque admet la tradition sans y regarder de près ? Un personnage ridicule et burlesque. Qu'était ce même homme il y a cent ans? On peut le comparer à ce qu'a été de nos jours M. Alexandre de Humboldt. La république des sciences n'avait guère de citoyen plus considérable. Disciple de Newton, il avait été le premier interprète, le premier défenseur des découvertes du savant anglais contre les partisans de la physique cartésienne. En 1736, âgé de trente-huit ans à peine, il est envoyé en Laponie, à la tête d'une grande expédition scientifique, pour vérifier

l'excès, prétendait au droit exclusif d'être l'ami et le protecteur des Français de quelque mérite qui se rendaient dans la capitale de la Prusse. Il était d'un caractère dur; les gens de lettres ne l'aimaient point, parce qu'il voulait primer dans tous les genres. Il avait des idées bizarres, qu'il décorait du nom de

une des conjectures les plus hardies de Newton, la théorie de l'aplatissement de la terre aux deux pôles. La commission chargée du même travail dans l'Amérique du Sud est présidée par M. de La Condamine; Maupertuis préside la commission du Nord. Il part au printemps de 1736, et Voltaire le salue de ses vers spirituellement et joyeusement enthousiastes. Le poète anime les constellations polaires qui s'écrient, frappées d'admiration à la vue de ces intrépides voyageurs : « Ces gens sont fous ou ces gens sont des dieux ! » Il prédit que Newton va être justifié, que les calculs du génie vont être consacrés par des observations solennelles, que le globe sera bien et dûment convaincu d'être plat aux deux extrémités de son axe, et mêlant sa gaîté intarissable à ses chants inspirés, il plaisante en passant le pauvre *peuple rimeur* privé désormais de cette métaphore classique, de ce beau nom de *machine ronde.*

Que nos flasques auteurs, en chevillant leurs vers,
Donnaient à l'aventure à ce plat univers.

Partez donc, Maupertuis, Clairaut, Lemonnier, Outhier, vous aussi leur digne auxiliaire, vous le poète virgilien et le vulgarisateur de la science, brillant comte Algarotti, allez,

Sous le ciel des frimas,
Portant en grelottant la lyre et le compas,
Et sur des monts glacés traçant des parallèles,
Faire entendre aux Lapons vos chansons immortelles !

philosophiques. On connaît ses projets de percer un trou jusqu'au centre de la terre, de disséquer des cerveaux de géants pour faire des découvertes sur la nature de l'âme, d'enduire les malades de poix-résine, de créer une ville latine, et autres idées aussi extravagantes, que Voltaire livra au ridicule. Dans son

Ils partent, et, deux ans après, lisant le rapport de Maupertuis, Voltaire éclate en transports de joie. Il admire le voyageur et le savant, il le glorifie en prose et en vers, il écrit une page où il y a plus de souffle épique assurément que dans toute la *Henriade*, il montre les dieux étonnés de l'audace de l'homme, les cieux émus, l'empyrée qui s'agite, et parmi les mondes que mesure le génie, les grands maîtres apparaissent soudain, Newton et Descartes venant féliciter le Leibnitz de la France. Ces magnifiques éloges popularisent le nom du célèbre voyageur, et je le répète, celui qu'on appelait le nouveau Leibnitz ne paraissait pas tout à fait indigne alors de ce prodigieux triomphe.

Quelques années après, Maupertuis est à Berlin; le roi l'a marié, l'a doté, l'a comblé d'honneurs, l'a nommé enfin président perpétuel de son Académie. Voltaire va l'y rejoindre, et bientôt ce Maupertuis, si poétiquement célébré en des épîtres enthousiastes, est l'objet des plus violentes satires, tracées par la même plume et signées du même nom. Il n'y a pas pour Voltaire de bouffonnerie assez aristophanesque dès qu'il s'agira de ridiculiser Maupertuis. On connaît cette histoire; on sait les occasions ou du moins les prétextes, la querelle de Maupertuis et du mathématicien Kœnig, les torts évidents de Maupertuis, enfin l'intervention soudaine de Voltaire, qui n'a que faire dans ce débat, mais qui va le détourner à son profit pour assassiner moralement l'ami du roi, le protégé du roi, le président de l'Académie du roi. Telle est, au fond, la véritable explication de ce duel : c'est le duel de deux favoris, l'un qui tient le sceptre discours de réception à l'Académie française, il entreprit de prouver les rapports qui existaient entre l'éloquence et la géométrie, et l'influence de celle-ci sur l'autre ; son extérieur était aussi singulier que son esprit ; il rendit célèbre sa perruque ronde et courte, composée de cheveux roux et de crins poudrés en jaune.

Voltaire, dont le vaste génie et les lumières éclairaient l'Europe et éclipsaient ses contemporains, Voltaire, le flambeau de son siècle, aussi grand poète que profond historien, occupé sans relâche à combattre les préjugés, ennemi du despotisme et de l'intolérance, jouissant d'une réputation colossale et d'une grande fortune, avait cédé, en venant à Berlin, aux instances pressantes et réitérées de Frédéric. Il réu-

de la science, avec des prétentions un peu lourdes, l'autre qui d'une main légère fait étinceler à tous les yeux le sceptre de l'esprit moqueur. Frédéric osera-t-il encore donner la préférence à l'homme qui sera devenu la risée de l'Europe? Ainsi pense Voltaire, et au moment où la querelle des deux savants agite la ville, au moment où Maupertuis, malgré l'appui d'Euler, semble condamné par l'opinion, il écrit la *Diatribe du docteur Akakia*. Impossible d'être plus alerte et de mieux saisir l'occasion au vol. »

SAINT-RENÉ TAILLANDIER. *Une page de la vie de Voltaire. — L'aventure de Francfort d'après les nouveaux documents publiés en Allemagne. — Revue des Deux-Mondes*. T. LVI, p. 840-842. 15 avril 1865.

nissait en lui toutes les connaissances sur lesquelles les favoris du roi établissaient leur renommée et celui-ci lui marquait une préférence bien méritée, mais qui devint un motif de haine et de jalousie.

La Beaumelle, récemment arrivé à Berlin, de Copenhague, où il avait tenu un cours de littérature française, se produisait comme homme de lettres et répandait un livre intitulé : *Qu'en dira-t-on ? ou mes Pensées*, son titre unique à la gloire. Il se présenta à tous les beaux esprits de la cour de Frédéric avec une arrogance qui fit douter de ses talents. On eût dit qu'il n'était venu à Berlin que pour tout réformer. Selon lui, il n'y avait dans cette cour ni assez d'esprit ni assez de goût. Sa critique n'épargnait personne ; il disait que le langage d'Algarotti n'était qu'un baragouin. Dès la première visite, La Beaumelle déplut à Voltaire, et Voltaire à la Beaumelle. Ce dernier avait inséré dans le *Qu'en dira-t-on ?* des éloges outrés de Frédéric et des phrases injurieuses aux gens de lettres. Il disait : « Qu'on parcoure l'histoire ancienne et moderne, on ne trouvera point d'exemple de prince qui ait donné sept mille écus de pension à un homme de lettres, à titre d'homme de lettres. Il y a eu de plus grands poètes que Voltaire ; il n'y en eut jamais de si bien récompensé, parce que le goût ne met jamais de bornes à ses récompenses. Le roi de Prusse comble de bienfaits les hommes à talents, précisément pour les mêmes raisons qui engagent un petit prince d'Allemagne à combler de bienfaits un bouffon ou un nain. »

Ce ridicule parallèle fut, au souper du roi, une source féconde de plaisanteries; chacun des convives s'égaya et sur l'ouvrage et sur l'auteur; c'était la meilleure manière de s'en venger. Le lendemain, cependant, Maupertuis rapporta ces sarcasmes à La Beaumelle et les mit tous sur le compte de Voltaire. Il parvint à lui persuader que l'intention de son adversaire était d'empêcher qu'il n'eût les bonnes grâces du roi et de l'éloigner de Berlin. La Beaumelle n'était déjà que trop disposé à devenir l'ennemi de Voltaire; il crut aux rapports de Maupertuis et jura une haine éternelle à un homme qui n'en avait point pour lui. Il fallait bien peu connaître Voltaire pour lui attribuer une semblable conduite. Avec un peu de réflexion, La Beaumelle aurait jugé que celui à qui on prêtait une aussi basse jalousie avait trop de réputation et de crédit pour augmenter l'un et l'autre par l'humiliation d'un jeune écrivain, à peine connu dans le monde littéraire. Mais ce grand homme ne puisait pas son indulgence dans sa supériorité, elle était dans son caractère. Je l'ai vu accueillir avec bonté des jeunes gens dont les heureuses dispositions promettaient aux sciences de dignes soutiens, les aider de ses conseils et de sa bourse, et même commencer leur réputation dans le monde. Il est évident qu'on cherchait à le rendre odieux, ses ouvrages étant à l'abri de la critique. Voltaire ne faisait la cour à personne et n'aimait pas qu'on la lui fît, parce que des deux parts il eût perdu un temps précieux. Il se bornait à composer ses ouvrages et à plaire au roi. Cette manière de vivre lui attira l'envie de beaucoup de personnes, qui s'étudièrent à lui faire des ennemis. On commença par La Beaumelle, et on réussit.

La Beaumelle, pour se venger, composa, en partie à Berlin, ses notes critiques sur le *Siècle de Louis XIV*. Il était occupé de ce travail, lorsqu'il fut obligé de quitter la Prusse après avoir été enfermé à Spandau pour une affaire scandaleuse.

La querelle qui éclata entre Voltaire et Maupertuis fit en Europe beaucoup de bruit et eut des suites plus sérieuses. Elle commença par une simple discussion philosophique entre Maupertuis et Kœnig. Maupertuis, dans un mémoire inséré dans sa Cosmologie et dans les Actes de l'Académie des sciences de Berlin, avait avancé que la nature, pour ses opérations, employait toujours un *minimum* (ou moindre action), et il présentait cette assertion comme un principe général et constant dont il se vantait avec emphase d'avoir fait la découverte. Kœnig qui, avant son séjour en Prusse, était professeur de philosophie à La Haye, et qui alors était membre de l'Académie que présidait Maupertuis, avertit celui-ci que le principe de la *moindre quantité d'action* n'était pas sans objections, et lui fit parvenir quelques réflexions par lesquelles il révoquait en doute la généralité de ce principe. Le président ne se donna pas la peine de les parcourir, et en les renvoyant à Kœnig, lui fit dire qu'il pouvait les imprimer et qu'il y répondrait.

Cette dissertation parut en effet dans le journal de Leipsick, au mois de mars 1752. On y rapportait un fragment d'une lettre de Leibnitz, dans laquelle il était question de ce principe général de la nature, auquel ce célèbre philosophe paraissait s'opposer. Maupertuis croit que par ce fragment on veut lui enlever l'honneur d'avoir découvert la moindre action. Il somme Kœnig de produire l'original de cette lettre; celui-ci répond qu'il n'en a qu'une copie qui lui a été donnée par un savant respectable, mort en Suisse, et dont les papiers étaient dispersés. Maupertuis, irrité, accuse Kœnig d'avoir forgé cette lettre; il fait assembler les membres de l'académie de Berlin, séduit ou intimide les plus faibles, et le professeur est déclaré *faussaire en philosophie*. Le 13 avril, cette absurde sentence est imprimée et publiée; Kœnig renvoie son diplôme d'académicien, et fait paraître un ouvrage intitulé : *Appel au public*, dans lequel il défend victorieusement son honneur outragé.

Voltaire, indigné du procédé de Maupertuis, prit la défense de Kœnig; n'eût-il eu contre le premier aucun sujet antérieur d'animosité, on l'aurait vu se ranger du parti de l'opprimé. On doit reconnaître à ce trait le grand homme que l'injustice, exercée à l'égard d'un seul de ses semblables, révoltait autant que si elle lui avait été personnelle; on reconnaîtra celui qui fut le défenseur et le bienfaiteur des Sirven et des Calas, qui enleva à l'ignominie le nom de l'infortuné chevalier de La Barre, et qui plaida avec tant de chaleur, contre la féodalité, la cause des habitants du mont Jura.

Maupertuis avait voulu perdre Kœnig dans l'opinion publique; Voltaire se contenta de rendre Maupertuis ridicule. Ce fut alors que parurent la *Diatribe du docteur Akakia* [1], la Séance mémorable, et tous ces

[1] François Ier avait un médecin qui s'appelait *Sans-Malice*. Ce nom déplut au docteur, il le grécisa et en fit *Akakia*. Voltaire fit

écrits, chefs-d'œuvre de plaisanterie, où le badinage le plus ingénieux se trouve confondu avec la plus saine philosophie, et dans lesquels il se moquait de la ville latine, du trou à percer jusqu'au centre de la terre, de la dissection des cerveaux de Patagons, et de la poix-résine dont le président voulait que l'on enduisît les malades. Au nombre de ces ouvrages, il faut distinguer celui qui a pour titre : *Lettre d'un Académicien de Berlin à un Académicien de Paris*, avec les réponses. Les unes étaient de Voltaire et condamnaient Maupertuis, les autres étaient de Frédéric, et défendaient le président. Cette guerre n'eût eu probablement d'autres suites que d'amuser la cour et la ville, si Maupertuis se fût contenté de se servir des armes qu'employait son adversaire ; mais trop faible dans ce genre de lutte, il eut recours à des moyens plus puissants et qui eurent tout le succès qu'il en désirait. Frédéric était aussi jaloux de sa réputation d'homme de lettres que de sa réputation militaire. La connaissance qu'il avait du caractère du roi favorisa ses plans.

Il publia que Voltaire avait répondu au général Manstein, qui le pressait de revoir ses *Mémoires* :

revivre ce nom, et supposa que celui qui le portait était médecin du pape. (*Collini*, p. 33.)

« Mon ami, à une autre fois. Le roi vient de m'envoyer son linge sale à blanchir, je blanchirai le vôtre après. » Qu'il avait dans une autre occasion, dit en parlant de Frédéric : « Cet homme-là est César et l'abbé Cotin. »

Je ne ferai aucune réflexion sur ces calomnies, qui cependant n'en sont point aux yeux de beaucoup de personnes. Est-il croyable que Voltaire eût insulté en face le général Manstein dans la personne de son souverain et dans la sienne? J'ai suivi ce grand homme dans tous les pays qu'il parcourut avant de se fixer sur les bords du lac de Genève, il m'honorait de son amitié et d'une entière confiance. Pendant le cours de nos voyages, la Prusse et les événements auxquels il eut quelque part, furent les sujets de nos entretiens, et toujours je l'entendis désavouer les indiscrétions que la haine de Maupertuis lui avait attribuées.

Frédéric fut sensible à ces rapports et, sans en approfondir la source et le motif, il s'éloigna de Voltaire et se déclara ouvertement pour Maupertuis. Cette disgrâce n'arrêta point le cours des brochures contre le président, qui établissait un nouveau genre de tribunal dans la république des lettres, qui n'en connaît pas d'autre que celui du public. Cette opiniâtreté révolta Frédéric; et, le 24 décembre de cette année, il fit brûler la *Diatribe du docteur Akakia* par la main du bourreau[1].

Cette exécution se fit devant la maison de M. de Francheville, où logeait alors Voltaire, qui était venu de Potsdam à Berlin, pour prendre part aux divertissements du carnaval. Je fus témoin, à ma fenêtre, de cette *brûlure*, sans en comprendre le sujet. J'allai sur-le-champ rendre compte à Voltaire de ce que j'avais vu. « Je parie, me dit-il, que c'est mon docteur qu'on vient de brûler.» Il ne se trompait pas. Dans la même matinée, le marquis d'Argens et l'abbé de Prades vinrent le voir, peu après cette exécution; peut-être y venaient-ils de la part du roi, afin qu'ils pussent lui rendre compte de la contenance de Voltaire. Il fut sans doute sensible à cette injure; il ne pensait pas que des plaisanteries dussent provoquer un acte diffamant, presque toujours accompagné d'une prise de corps. Cependant, fort de sa conscience, et certain de ne s'être porté à aucun excès criminel, il finit par plaisanter sur cette exécution; mais il fut plus que jamais affermi dans la résolution de quitter Potsdam et le Brandebourg, ce qu'il ne réalisa cependant que trois mois après.

[1] Pour plus amples détails sur les démêlés de Voltaire et de Maupertuis, voir *Voltaire et Frédéric*, de M. Gustave Desnoiresterres, p. 308-442 (2e édition). (A. T.)

Mme la comtesse de Bentinck, née comtesse d'Oldenbourg, femme d'un grand mérite et d'une grande fermeté, était l'amie de Voltaire. Elle ne cessa pas de l'être pendant cette catastrophe littéraire. Frédéric paraissait ne vouloir que vaincre l'obstination de Voltaire, et ne songeait point à en tirer une satisfaction plus éclatante. Celui-ci cependant passait pour disgracié, mais il lui eût été facile de détruire ces bruits en renonçant à cette fierté qui seule déplaisait au roi, et en devenant souple et rampant comme ses adversaires.

Vers la fin de cette année parut l'édition du *Siècle de Louis XIV*, avec des notes critiques de La Beaumelle[1]. Cet écrivain, forcé de quitter la Prusse quelques mois auparavant, avait fini et fait imprimer cet ouvrage à Francfort-sur-le-Mein. Voltaire le sut par la comtesse de Bentinck et fit venir le livre. La critique était plus digne de la pitié que de la colère de ce

[1] La Beaumelle écrivit à Voltaire qu'il le poursuivrait jusqu'aux enfers. Celui-ci, dans la réponse qu'il fit au cartel que Maupertuis lui adressa à Leipzig, s'exprime de la sorte au sujet de cette menace : « De plus, si vous me tuez, ayez la bonté de vous souvenir que M. de La Baumelle m'a promis de me poursuivre jusqu'aux enfers ; il ne manquera pas de m'y aller chercher, quoique le trou qu'on doit creuser par votre ordre jusqu'au centre de la terre et qui doit mener tout droit en enfer, ne soit pas encore commencé. Il y a d'autres moyens d'y aller, et il se trouvera que je serai mal mené dans l'autre monde, comme vous m'avez persécuté dans celui-ci. (Note de l'auteur.)

grand homme; mais il ne put voir d'un œil indifférent un de ses meilleurs ouvrages attaqué par un jeune présomptueux, dont il eût fait son apologiste au moyen de quelques caresses. Il répondit par un supplément beaucoup plus mordant que les notes de son commentateur.

L'exécution de l'*Akakia* parut à Voltaire une mesure trop vive entre gens de lettres; car, jusque-là, Frédéric n'avait agi qu'en cette qualité. Dix jours après cette scène, il écrivit au roi, qui était encore à Berlin, une lettre passionnée et respectueuse, dans laquelle il lui exposait qu'il était inconsolable de lui avoir déplu, et que, persuadé qu'il était indigne des marques de distinction dont il avait bien voulu l'honorer et le décorer, il prenait la liberté de les remettre à ses pieds. Il joignit à cette lettre la croix de l'ordre du mérite, en fit un paquet qu'il cacheta lui-même, et sur l'enveloppe, il écrivit de sa main ces quatre vers :

Je les reçus avec tendresse;
Je vous les rends avec douleur;
C'est ainsi qu'un amant, dans son extrême ardeur [1],
Rend le portrait de sa maîtresse.

[1] Ce troisième vers a été changé par Voltaire dans le *Commentaire historique;* il s'y trouve ainsi :

Comme un amant jaloux, dans sa mauvaise humeur.

Je l'ai laissé ici tel que je le vis sur le paquet envoyé à Frédéric. (Note de l'auteur.)

Le jeune Francheville fut chargé d'aller porter ce paquet au château et de s'adresser à M. Fredersdorf, à qui Voltaire avait en même temps écrit un billet pour le prier de remettre ce paquet entre les mains du roi. Ce Fredersdorf était auprès du monarque une espèce de factotum, qui réunissait les emplois les plus disparates. Il était à la fois secrétaire, intendant, valet de chambre, grand-maître d'hôtel, grand-échanson et grand-panetier. Le même jour, après midi, un fiacre arrêta devant notre porte. C'était Fredersdorf qui venait, de la part du roi, rapporter à Voltaire la croix de l'ordre et la clef de chambellan. Il y eut entre eux une longue conférence; j'étais dans la pièce voisine, et je compris à quelques exclamations que ce ne fut qu'après un débat très vif que Voltaire se détermina à reprendre les présents qu'il avait renvoyés.

. . . .

Quelques jours après, le roi quitta Berlin. Voltaire y resta environ deux mois, pendant lesquels il fit une maladie par l'excès du travail et par toutes les contrariétés qu'il venait d'éprouver. Je n'ai point donné le détail de son procès avec un Juif, nommé Hirschel, qui lui vola environ deux mille écus; je n'ai pas parlé des pamphlets qui lui furent faussement attribués, tels que le Tombeau de la Sorbonne et une

Vie privée de Frédéric; des contrefaçons que l'on faisait, presque sous ses yeux, de plusieurs de ses ouvrages que l'on mutilait, ou auxquels on ajoutait, de manière à les rendre méconnaissables. Toutes ces anecdotes ont été publiées, et je ne m'attache qu'à celles qui ne sont point connues ou sur lesquelles je puis donner des détails plus exacts.

Lorsqu'il se sentit assez de force pour supporter la fatigue d'un voyage, il demanda au roi la permission d'aller prendre les eaux de Plombières, dont le médecin lui conseillait de faire usage. Il resta quelque temps sans avoir une réponse positive, ce qui l'inquiétait beaucoup.....

. . . .

Le 5 mars, je fus très occupé. Voltaire avait chez lui beaucoup de livres qui appartenaient à la bibliothèque du roi; il me chargea d'en faire la recherche et de les rendre, ce que j'exécutai. Je mis ensuite ses papiers en ordre et fis emballer ses effets. Ce jour même nous quittâmes la maison de M. de Francheville, qui était située au centre de Berlin, et nous nous rendîmes loin de là dans une autre du faubourg Stralan. Elle appartenait à un gros marchand, nommé Schwaiger, et sa position en formait une espèce de maison de campagne. Nous vécûmes onze jours dans cette solitude. Notre petit ménage était composé du maître, d'une cuisinière, d'un domestique et de moi, économe et directeur de la troupe. Malgré son éloignement de la ville, Voltaire recevait des visites. La comtesse de Bentinck, cette femme illustre et sensible, digne de gouverner un empire, lui fut constamment attachée et venait souvent lui apporter des consolations. Le médecin Coste était aussi au nombre de ses amis et lui prodiguait les secours de son art; il lui avait conseillé les eaux de Plombières. Cependant la permission n'arrivait pas; ces retards donnaient à Voltaire les plus grandes inquiétudes. Il craignait quelque événement funeste, et que l'on eût pris la résolution de l'empêcher de sortir du Brandebourg. Cette idée le tourmentait et lui donnait encore plus d'impatience.

. . . .

Enfin le roi envoya de Potsdam la permission d'aller à Plombières, et témoigna à Voltaire le désir de le voir avant son départ. Sans perdre un moment, nous fîmes nos malles et disposâmes tout pour quitter la Prusse. Nous partîmes de Berlin et arrivâmes à Potsdam à sept heures du soir. Voltaire occupa au château le même appartement qu'il avait eu d'abord, mais cette fois il ne fit pas un long séjour dans cette fameuse résidence de Frédéric. Il laissa emballés ses papiers et ses effets. Le 19, après dîner, il se rendit dans le cabinet du roi. Leur entretien dura deux heures; il y avait deux mois qu'ils ne s'étaient vus. Au sortir de cette entrevue, qui dut former une scène intéressante entre d'aussi grands acteurs, Voltaire avait l'air tellement satisfait qu'il me fut facile de juger que la paix était faite. En effet, j'appris de lui que Frédéric était entièrement revenu à la confiance et à l'amitié, et que Maupertuis lui-même avait été dans quelques saillies immolé à leur réconciliation.

Voltaire ne resta à Potsdam que six jours, pendant lesquels il soupa toujours avec Frédéric. Il appela depuis ces repas familiers des soupers de Damoclès; l'aventure de Francfort maîtrisait sans doute ses idées, lorsqu'il composa ces mémoires que publia l'indiscrétion, et qui renferment à la fois l'éloge et la satire des actions du roi de Prusse.

Le 26, Frédéric devait aller en Silésie faire la revue de ses troupes. Il restait encore à Voltaire des arrangements à prendre avant de partir. Nous passâmes ensemble une partie de la nuit du 23 au 24. Il me remit plusieurs sacs d'argent, me chargea d'aller le lendemain à Berlin, accompagné d'un domestique, les porter au banquier Splitgerfer, et prendre de lui des lettres de change. J'exécutai cette commission, et retournai à Potsdam le 26 dans la matinée.

Ce fut le lendemain que Voltaire quitta Potsdam pour n'y plus revenir. Il alla de bonne heure prendre congé du roi qui, de son côté, partait pour la Silésie. Frédéric lui fit promettre de revenir lorsqu'il aurait fait usage des eaux de Plombières. Il quitta le monarque et monta aussitôt dans sa voiture de voyage que j'avais fait préparer, et nous prîmes la route de Leipsick.

Telle fut la fin du séjour de Voltaire en Prusse, où il était venu chercher le repos, un abri contre l'intolérance et la persécution, et où il trouva, dans ceux mêmes qui suivaient la même carrière que lui, des ennemis plus acharnés que les fanatiques qui l'avaient poursuivi en France.

C'est à tort que quelques auteurs ont prétendu que Voltaire et Frédéric se quittèrent brouillés, et que celui-ci demanda la croix et la clef qu'il n'avait pas voulu recevoir... On peut dire qu'ils se séparèrent tels qu'ils s'étaient revus en 1750. Les deux personnages les plus illustres de leur siècle devaient en être aussi les plus sages.

. . . .

Nous partîmes de Prusse le 26 mars 1753, à neuf heures du matin, et nous arrivâmes à Leipsick le 27, à six heures du soir. Cette ville était pour lui une station où il se proposait de s'arrêter le temps nécessaire pour se concerter avec Mme Denis, sa nièce, et avec ses amis de Paris. Nous ne restâmes point à l'auberge; il loua un appartement dans la rue Neumarskstrasse.

Cependant les libraires de l'Allemagne et de la Hollande, s'imaginant que l'*Akakia* était la cause du départ de Voltaire, et qu'un ouvrage à qui l'on avait fait l'honneur de le brûler aurait un débit prodigieux, se hâtèrent de l'imprimer; il en sortit de dix presses différentes et s'en répandit un grand nombre d'exemplaires. Maupertuis croit que Voltaire ne s'est arrêté à Leipsick que dans l'intention de l'insulter de plus près et avec plus d'avantage; ne prenant conseil que de sa colère, il écrit à son antagoniste cette lettre si connue, dans laquelle il le menaçait de sa *vengeance et de la plus malheureuse aventure*.

Voltaire répondit à cette rodomontade anti-philosophique et si peu digne d'un président d'académie, par une lettre pleine de plaisanteries, dont le style était approprié aux idées géométriques de Maupertuis. Il lui disait à la fin : « Au reste, je suis encore bien faible; vous me trouverez au lit, et je ne pourrai que vous jeter à la tête ma seringue et mon pot de chambre; mais dès que j'aurai un peu de force, je ferai charger mes pistolets *cum pulvere pyrio,* et en multipliant la masse par le carré de la vitesse, jusqu'à ce que l'action et vous soient réduits à zéro, je vous mettrai du plomb dans la cervelle; elle paraît en avoir besoin. »

A cette lettre il joignit un avertissement qui parut dans les papiers publics; il était conçu ainsi :

« Un quidam ayant écrit une lettre à un habitant de Leipzick, par laquelle il menace le dit habitant de l'assassiner, et les assassinats étant visiblement contraires aux priviléges de la foire, on prie tous et un chacun de donner connaissance du dit quidam, quand il se présèntera aux portes de Leipsick. C'est un philosophe qui marche en raison de l'air distrait et de l'air précipité, l'œil rond et petit, la perruque de même, le nez écrasé, la physionomie mauvaise, ayant le visage plein et l'esprit plein de lui-même, portant toujours scalpel en poche, pour disséquer les gens de haute taille. Ceux qui en donneront connaissance auront mille ducats de récompense, assignés sur les fonds de la ville latine que le dit quidam fait bâtir, ou sur la première comète d'or ou de diamant qui doit nécessairement tomber sur la terre, selon la prédiction du dit quidam. »

Maupertuis déconcerté, renonça au projet ridicule d'appeler en duel un homme que la menace paraissait ne pas intimider; il établit sa vengeance sur un plan qui, malheureusement, eut tout le succès qu'il en attendait; je parlerai plus bas de cet incident, dans lequel je jouai un rôle forcé et peu agréable.

Nous restâmes à Leipsick vingt-trois jours, pendant lesquels Voltaire écrivit à Paris beaucoup de lettres dont il était forcé d'attendre les réponses. Il arrangea ses papiers et ses livres dans des caisses, et chargea un négociant de la ville de les expédier pour Strasbourg. Il employa le reste de son temps à faire des visites aux savants professeurs de l'Université, à s'entretenir avec Gottsched [1] sur l'état de la littérature allemande, et à voir de temps à temps Breitkopff, imprimeur renommé dans l'Allemagne, et qui avait alors sous presse différents ouvrages de Voltaire, pour Walther, libraire de Dresde. Nous ne quittâmes point cette ville sans avoir vu les beaux jardins qui l'entourent.

[1] Ecrivain allemand (1700-1766). Ces écrits tiennent une place honorable dans le développement de l'Allemagne au XVIIIe siècle. (A. T.)

De Leipsick nous nous rendîmes à Gotha, et descendîmes à l'auberge des *Hallebardes*. Leurs Altesses sérénissimes monsieur le duc et madame la duchesse de Saxe-Gotha eurent à peine appris que Voltaire était dans leur ville, qu'ils l'engagèrent à prendre un appartement au château ; il accepta, et trouva dans cette cour une société choisie, des égards et des consolations.

La princesse, surtout, lui prodigua constamment les attentions les plus empressées ; son goût et son esprit faisaient d'elle une des femmes les plus aimables et les plus éclairées de son temps. Voltaire cherchait toutes les occasions de reconnaître tant de bontés ; et sur le désir qu'elle témoigna d'avoir de lui un abrégé de l'histoire d'Allemagne, il le commença au milieu de la bibliothèque ducale. Je travaillai assidûment, pendant les trente-trois jours que nous restâmes à Gotha, à recueillir des matériaux. C'est ainsi que la république des lettres dut à une femme les *Annales de l'Empire*, l'ouvrage le plus méthodique et le plus concis que Voltaire ait jamais fait.

. . . .

Nous quittâmes la cour de Gotha le 15 mars 1753, dirigeant notre retour vers Strasbourg par Francfort-sur-le-Mein. Le 26 au soir, nous arrivâmes à Cassel.

Le landgrave était alors à Wabern; il désira voir le célèbre voyageur, et le fit prier aussitôt, par le prince héréditaire, de s'y rendre. Comment résister à tant de marques d'estime de la part de l'un des princes les plus renommés de l'Europe? Voltaire se rendit le lendemain à midi à Wabern, où il passa deux jours en conférences avec Guillaume VIII et le prince héréditaire, qu'il surnomma depuis le *Juste et bienfaisant* landgrave de Hesse.

Je ne puis omettre ici une particularité qui donna à Voltaire quelques inquiétudes. Le lendemain de notre arrivée à Cassel, l'aubergiste nous dit que le baron de Polnitz était aussi dans cette ville. Nous le rencontrâmes, en effet, le même jour. Voltaire, qui en faisait peu de cas, ne lui dit qu'un mot en passant; mais la présence du baron, qui peu de temps avant était à Berlin et à Potsdam, lui fit faire plusieurs fois cette réflexion : « Que fait donc Polnitz à Cassel ? »

Duvernet, dans la *Vie de Voltaire*, rapporte, sous cette même année 1753, que le roi de Prusse, à son retour de la Silésie, s'entretenant un jour avec l'abbé de Prades et le baron de Polnitz, leur dit dans un moment d'amertume, que Voltaire, qui était alors à Leipsick, « passerait désormais sa vie à le déshonorer, et que cette idée le tourmentait; » que Polnitz répondit au roi : « Sire, ordonnez et je vais le poignarder au sortir de cette ville; » et que cette offre fut rejetée avec indignation. Faut-il ajouter foi à cette anecdote? Pour moi, je ne crois ni à la confidence du roi, ni à la réponse imprudente de Polnitz. Frédéric avait le sentiment de sa gloire et de sa renommée; il ne devait point penser que Voltaire eût la volonté et même le pouvoir de les *déshonorer;* il n'est pas non plus présumable que le baron se soit aussi effrontément offert à faire le métier d'assassin, et cela en présence d'un tiers; qu'il ait eu la pensée de poignarder un homme célèbre, sur qui toute l'Allemagne avait les yeux ouverts, et qu'il ait fait une proposition aussi révoltante à un roi juste et éclairé, qui était capable de faire enfermer pour toujours, comme une bête féroce, l'auteur d'un semblable projet.

Il y a toute apparence que cette conversation entre Frédéric et les deux personnages de sa cour qu'il estimait le moins, n'eut jamais lieu, ou qu'elle fut remplie d'une autre manière. Duvernet ajoute « qu'on fut instruit de ce fait par un homme qui le tenait de l'abbé de Prades, avec qui il s'était trouvé enfermé dans la citadelle de Magdebourg. » Quel était ce prisonnier? pourquoi ne pas le nommer? L'abbé de

Prades lui-même, prisonnier avec cet homme, est-il un sûr garant de l'authenticité de ce fait, lui qui intrigua, qui ne put parvenir à la cour de Potsdam, et qui se croyait bonnement philosophe, parce qu'il plaisantait toujours sur les débats et les arrêts de la Sorbonne ? Il est plus raisonnable de croire qu'il a voulu se faire honneur d'un entretien secret avec le roi, et s'ériger en sauveur de Voltaire par cette réponse que Duvernet rapporte : « Quoi ! vous pensez que sa majesté voudra souiller sa gloire par l'assassinat d'un homme qu'elle a aimé ? »

Ce n'est pas que je refuse d'ajouter foi à cette anecdote, uniquement parce qu'elle présenterait un homme revêtu de titres de noblesse, un courtisan qui, pour faire sa cour à un souverain, se serait offert à commettre un assassinat : l'histoire fournit beaucoup de traits de cette nature ; mais en réfléchissant aux craintes que l'on attribue à Frédéric, craintes qui ne s'accordent point avec son caractère ferme et héroïque; en pesant avec attention le terme de *déshonorer* que l'on met dans la bouche d'un roi couvert de gloire, je ne puis m'empêcher de reconnaître, dans le récit de Duvernet, un air de fausseté qui doit le rendre plus que suspect aux amis de la vérité.

. . . .

Il est plus probable, et on aurait mieux fait de le présumer, qu'après le départ de Voltaire, on s'entretint de son voyage, des lieux par lesquels il devait passer, des princes qu'il visiterait; que l'on aura formé des conjectures sur sa route, sur la retraite qu'il choisirait en France, sur la réception qui lui serait faite dans sa patrie; enfin, que Frédéric aurait exprimé le désir de connaître ce que Voltaire disait de lui, à quels ouvrages il travaillait. En suivant cette supposition, on pourra croire que la curiosité donna au roi l'idée, non de faire massacrer Voltaire, mais de le faire suivre : alors on comprendra facilement pourquoi Polnitz se trouvait à Cassel en même temps que nous, et y jouait un rôle, peu honorable à la vérité, mais bien moins odieux que celui qui lui est si légèrement donné par Duvernet. Je n'ai d'ailleurs, à cet égard, aucune notion certaine. Ce que je puis affirmer, c'est qu'au retour du roi, les ennemis de Voltaire firent tous leurs efforts pour le rendre suspect et lui attirer un traitement humiliant. Ils ne réussirent que trop, comme on va le voir.

Nous partîmes de Wabern le 30 mai au matin, et arrivâmes le soir à Marbourg. Nous avions, le lendemain, fait à peine une lieue, lorsque Voltaire ordonna au postillon d'arrêter. Il faisait usage de tabac, et ne retrouvait, ni dans ses poches, ni dans celles de la voiture, la tabatière d'or dont il se servait.

Je m'aperçois que depuis notre départ de Potsdam, je n'ai pas rendu compte de la manière dont Voltaire voyageait. Il avait sa propre voiture. C'était un carosse coupé, large, commode, bien suspendu, garni partout de poches et de magasins. Le derrière était chargé de deux malles, et le devant, de quelques valises. Sur le banc, étaient placés deux domestiques, dont un était de Potsdam, et servait de copiste. Quatre chevaux de poste et quelquefois six, selon la nature des chemins, étaient attelés à la voiture. Ces détails ne sont rien par eux-mêmes, mais il faut connaître la manière de voyager d'un homme de lettres qui avait su se créer une fortune égale à sa réputation. Voltaire et moi occupions l'intérieur de la voiture, avec deux ou trois portefeuilles qui renfermaient les manuscrits dont il faisait le plus de cas, et une cassette où étaient son or, ses lettres de change et ses effets les plus précieux. C'est avec ce train qu'il parcourait alors l'Allemagne. Aussi à chaque poste et dans chaque auberge étions-nous abordés et reçus à la portière avec tout le respect que l'on porte à l'opulence. Ici, c'était M. le *baron* de Voltaire; là M. le *comte* ou M. le *chambellan*, et presque partout c'était son *excellence* qui arrivait. J'ai encore des mémoires d'aubergistes qui portent : pour son *excellence M. le comte de Voltaire,* avec secrétaire et suite. Toutes ces scènes divertissaient le philosophe qui méprisait ces titres dont la vanité se repaît avec complaisance, et nous en riions ensemble de bon cœur[1].

Ce n'était point non plus par vanité qu'il voyageait de la sorte. Déjà vieux et maladif, il aimait et aima toujours les commodités de la vie. Il était fort riche et faisait un noble usage de sa fortune. Ceux qui ont voulu faire passer Voltaire pour avare le connaissaient bien peu. Il avait pour l'argent les mêmes principes que pour le temps; il fallait, selon lui, économiser pour être libéral. Dès son entrée dans la carrière des lettres, il visa à l'indépendance, et la richesse lui parut le plus sûr moyen d'y parvenir. L'immense produit de la souscription pour la *Henriade* fut placé dans des entreprises sûres et légitimes; ses capitaux s'accrurent par quelques épargnes sur les revenus, et bientôt il se trouva en état de tenir un rang, de ne dépendre de personne, pas même des libraires aux-

[1] On s'entretenait en présence de Voltaire de l'un de ses parents qui avait un grade distingué dans le militaire, et l'on se servait de ce grade pour le nommer. « Mon parent, dit Voltaire, est sensible à votre souvenir ; mais la simplicité de nos cantons n'admet point ces titres fastueux. » (Note de l'auteur.)

quels, à dater de son établissement à Ferney, il abandonna ses ouvrages sans aucune rétribution. Que serait-il devenu, après son départ de Potsdam, sans les ressources qu'il s'était ménagées? Aurait-il eu les moyens de bâtir des châteaux, d'acheter des terres, de créer cet asile où il vécut les vingt dernières années de sa vie, libre et tranquille? Il eût donc fallu dévorer les affronts des Maupertuis, pour se maintenir auprès de Frédéric, ou mendier les faveurs d'un autre prince. Alors, point d'indépendance, et sans l'indépendance le génie perd sa vigueur, l'imagination resserrée ne produit plus rien de grand, l'homme de lettres imprime à ses ouvrages le cachet de la servitude. Que les écrivains dénués de fortune imitent Voltaire; alors, peut-être, ne seront-ils pas exposés à une vieillesse languissante et infortunée.

Revenons à Marbourg, ou plutôt à l'endroit où nous nous arrêtâmes lorsque Voltaire s'aperçut qu'il n'avait plus sa tabatière. Il ne montra point dans cette occasion l'inquiétude qui eût agité un homme attaché à l'argent; la boîte cependant était d'un grand prix. Nous tînmes sur-le-champ conseil, sans sortir de la voiture. Voltaire croyait avoir laissé cette tabatière dans la maison de poste de Marbourg. Envoyer un domestique ou le postillon à cheval, pour en faire la recherche, c'était s'exposer à ne jamais la revoir. Je m'offre à faire cette course à pied, il accepte, et je pars comme un trait. J'arrive essoufflé; j'entre dans la maison de la poste, tout y était encore tranquille; je monte sans être vu à la chambre dans laquelle Voltaire avait couché, elle était ouverte. Rien sur la commode, rien sur les tables et sur le lit. A côté de ce dernier meuble était une table de nuit que couvrait un pan de rideau; je le soulève et j'aperçois la tabatière : m'en emparer, descendre les escaliers et sortir de la maison, tout cela fut l'affaire d'un moment. Je cours rejoindre le carrosse, aussi joyeux que Jason après la conquête de la toison d'or. Ce bijoux, d'une grande valeur, était un de ces dons que les princes prodiguaient à Voltaire comme un témoignage de leur estime; il était doublement précieux. Mon illustre compagnon de voyage la retrouva avec plaisir, mais aussi avec la modération du désintéressement; il me parut plus affecté de la peine que j'avais prise, que joyeux d'avoir recouvré sa tabatière. C'est, il me semble, dans de pareilles occasions, que l'homme se montre tel qu'il est, et que l'on peut juger son âme et ses passions.

Nous continuâmes notre route, et après avoir traversé Giessen, Butzbach et Friedberg, dont nous visitâmes les salines, nous arrivâmes à Francfort-sur-le-Mein, vers les huit heures du soir.

Nous nous disposions à partir le lendemain, les chevaux de poste et la voiture étaient prêts, lorsqu'un nommé Freytag, résident du roi de Prusse, se présente, escorté d'un officier recruteur et d'un bourgeois de mauvaise mine. Ce cortége surprit beaucoup Voltaire. Le résident l'aborda, et lui dit en baragouinant qu'il avait reçu l'ordre de lui demander la croix de l'ordre du mérite, la clef de chambellan, les lettres ou papiers de la main de Frédéric, et l'œuvre de *poëshie* du roi son maître.

Voltaire rendit sur-le-champ la croix et la clef; il ouvrit ensuite ses malles et ses portefeuilles, et dit à ces messieurs qu'ils pouvaient prendre tous les papiers de la main du roi; qu'à l'égard de l'œuvre de *poëshie* il l'avait laissé à Leipsick, dans une caisse destinée pour Strasbourg; mais qu'il allait écrire dans le moment pour la faire venir à Francfort, et qu'il resterait dans la ville jusqu'à ce qu'elle fût arrivée. Cet arrangement fut ratifié et signé des deux côtés. Freytag écrivit ce billet : « Monsir, sitôt le gros ballot de Leip-
» sig sera ici, où est l'œuvre de *poëshie* du roi mon
» maître, et l'œuvre de *poëshie* rendu à moi, vous
» pourrez partir où vous paraîtra bon. A Francfort,

» 1er juin 1753. Freytag, résident du roi mon maî-
» tre. » Voltaire écrivit au bas du billet : « Bon pour
» l'œuvre de *poëshie* du roi votre maître, Voltaire[1]. »

Après cette assurance de la part du résident, Voltaire crut devoir rester tranquille jusqu'à l'arrivée de la caisse. Il fit part de ce contre-temps à Mme Denis, qui l'attendait à Strasbourg, et sans inquiétude pour l'avenir, comme sans ressentiment du passé, il continua de travailler aux *Annales de l'Empire*.

Mme Denis, à la réception de la lettre, se rendit à Francfort sans perdre un instant. Je la vis alors pour la première fois, et je ne prévoyais pas que, victime de son dévouement, elle se trouverait enveloppée dans la catastrophe qui menaçait son oncle.

La caisse renfermant l'œuvre de *poëshie*, arriva le 17 juin; elle fut portée le jour même chez Freytag. J'allai le lendemain pour être présent à l'ouverture, et le prévenir que, conformément au billet que lui, Frey-

[1] D'après M. Gustave Desnoiresterres, Freytag en savait assez pour écrire « Monsieur » et non « Monsir » et « poésie » comme tout le monde. Il a vainement cherché, dit-il, dans ce chiffon une faute d'orthographe. Il nous signale encore une autre *inexactitude* de Voltaire, qui raconte qu'il mit au bas du fameux billet : « Bon pour l'œuvre de *poëshie* du roi votre maître. » Il se contenta, en réalité, assure M. Desnoiresterres, d'écrire sur le dos, d'une grande écriture soignée : « Promesse de M. Freytag. » Voir *Voltaire et Frédéric*, p. 451-452.

tag, avait signé, Voltaire se proposait de partir sous trois heures; il me répondit brusquement qu'il n'avait pas le temps, et que l'on ouvrirait la caisse dans l'après-dînée. Je retourne à l'heure convenue; on me dit que de nouveaux ordres du roi enjoignent de tout suspendre et de laisser les choses dans l'état où elles sont. Je reviens, presque découragé, retrouver Voltaire et lui rendre compte de mes démarches. Il se transporte chez le résident, et demande communication des ordres du roi. Freytag balbutie, refuse, et vomit force injures.

Voltaire irrité, craignant des événements plus funestes, et se croyant libre d'user de la faculté que lui donnait l'écrit du résident, prit la résolution de s'évader. Voici quel était son plan : il devait laisser la caisse entre les mains de Freytag. Mme Denis serait restée avec nos malles, pour attendre l'issue de cette odieuse et singulière aventure; Voltaire et moi devions partir, emportant seulement quelques valises, les manuscrits et l'argent renfermé dans la cassette. J'arrêtai en conséquence une voiture de louage, et préparai tout pour notre départ, qui ressemblait assez à la fuite de deux coupables.

A l'heure convenue, nous trouvâmes le moyen de sortir de l'auberge sans être remarqués. Nous arrivâmes heureusement jusqu'au carrosse de louage ; un domestique nous suivait, chargé de deux portefeuilles et de la cassette; nous partîmes avec l'espoir d'être enfin délivrés de Freytag et de ses agents.

Arrivés à la porte de la ville qui conduit au chemin de Mayence, on arrête le carrosse et l'on court instruire le résident de notre tentative d'évasion. En attendant qu'il arrivât, Voltaire expédie son domestique à Mme Denis. Freytag paraît bientôt dans une voiture escortée par des soldats, et nous y fait monter en accompagnant cet ordre d'imprécations et d'injures. Oubliant qu'il représente le roi son maître, il monte avec nous, et comme un exempt de police, nous conduit ainsi à travers la ville et au milieu de la populace attroupée.

On nous conduisit de la sorte chez un marchand, nommé Schmith, qui avait le titre de conseiller du roi de Prusse et était le suppléant de Freytag. La porte est barricadée et des factionnaires apostés pour contenir le peuple assemblé. Nous sommes conduits dans un comptoir; des commis, des valets et des servantes nous entourent; Mme Schmith passe devant Voltaire d'un air dédaigneux, et vient écouter le récit de Freytag, qui raconte de l'air d'un matamore comment il est parvenu à faire cette importante capture, et vante avec emphase son adresse et son courage.

Quel contraste ! Que l'on se représente l'auteur de la *Henriade* et de *Mérope,* celui que Frédéric avait nommé son ami, ce grand homme qui de son vivant reçut à Paris, au milieu du public enivré, les honneurs de l'apothéose, entouré de cette valetaille, accablé d'injures, traité comme un vil scélérat, abandonné aux insultes des plus grossiers et des plus méchants des hommes, et n'ayant d'autres armes que sa rage et son indignation.

On s'empare de nos effets et de la cassette; on nous fait remettre tout l'argent que nous avions dans nos poches; on enlève à Voltaire sa montre, sa tabatière et quelques bijoux qu'il portait sur lui; il demande une reconnaissance, on la refuse. « Comptez » cet argent, dit Schmith à ses commis; ce sont des » drôles capables de soutenir qu'il y en avait une fois » autant. » Je demande de quel droit on m'arrête, et j'insiste fortement pour qu'il soit dressé un procès-verbal. Je suis menacé d'être jeté dans un corps-de-garde. Voltaire réclame sa tabatière, parce qu'il ne peut se passer de tabac; on lui répond que l'usage est de s'*emparer* de tout.

Ses yeux étincelaient de fureur et se levaient de temps en temps vers les miens, comme pour les interroger. Tout à coup, apercevant une porte entr'-ouverte, il s'y précipite et sort. Mme Schmith compose une escouade de courtauds de boutique et de trois servantes, se met à leur tête, et court après le fugitif. « Ne puis-je donc, s'écria-t-il, pourvoir aux besoins de la nature ? » On le lui permet ; on se range en cercle autour de lui, on le ramène après cette opération.

En rentrant dans le comptoir, Schmith, qui se croit offensé personnellement, lui crie : « Malheureux ! vous serez traité sans pitié et sans ménagement, » et la valetaille recommence ses criailleries. Voltaire, hors de lui, s'élance une seconde fois dans la cour ; on le ramène une seconde fois.

Cette scène avait altéré le résident et toute sa séquelle : Schmith fit apporter du vin, et l'on se mit à trinquer à la santé de son excellence monseigneur Freytag. Sur ces entrefaites arriva un nommé Dorn, espèce de fanfaron que l'on avait envoyé sur une charrette à notre poursuite. Apprenant aux portes de la ville que Voltaire venait d'être arrêté, il rebroussa chemin, arriva au comptoir et s'écria : « Si je l'avais attrappé en route, je lui aurais brûlé la cervelle ! »

On verra bientôt qu'il craignait plus pour la sienne qu'il n'était redoutable pour celle des autres.

Après deux heures d'attente, il fut question d'emmener les prisonniers. Les portefeuilles et la cassette furent jetés dans une malle vide qui fut fermée avec un cadenas, et scellée d'un papier cacheté des armes de Voltaire et du chiffre de Schmith. Dorn fut chargé de nous conduire. Il nous fit entrer dans une mauvaise gargotte, à l'enseigne du *Bouc,* où douze soldats, commandés par un bas-officier, nous attendaient. Là, Voltaire fut enfermé dans une chambre, avec trois soldats portant la baïonnette au bout du fusil; je fus séparé de lui et gardé de même. Et c'est à Francfort, dans une ville qualifiée *libre,* que l'on insulta Voltaire, que l'on viola le droit sacré des gens, que l'on oublia des formalités qui eussent été observées à l'égard d'un voleur de grand chemin. Cette ville permit que l'on m'arrêtât, moi étranger à cette affaire, contre qui il n'existait aucun ordre, que l'on me volât mon argent, et que je fusse gardé à vue comme un malfaiteur. Dussé-je vivre des siècles, je n'oublierai jamais ces atrocités.

Mme Denis n'avait point abandonné son oncle. A peine eut-elle appris que Voltaire venait d'être arrêté, qu'elle se hâta d'aller porter ses réclamations au bourguemestre. Celui-ci, homme faible et borné, avait été séduit par Schmith. Non-seulement il refusa d'être juste et d'écouter Mme Denis, mais encore il lui ordonna de garder les arrêts dans son auberge. Ceci explique pourquoi Voltaire fut privé des secours de sa nièce pendant la scène scandaleuse du comptoir.

Depuis sa détention à la Bastille jusqu'à sa mort, Voltaire n'eut jamais à souffrir un traitement aussi désagréable. Que La Beaumelle écrivît contre lui et contre ses ouvrages, il ne tardait pas à anéantir La Beaumelle et sa critique; que Fréron publiât périodiquement des invectives, le *Pauvre diable* et l'*Ecossaise* vengeaient la littérature de ce despote injuste et intolérant; que la Sorbonne et le parlement fissent brûler ses ouvrages et l'accusassent d'athéisme, il se vengeait en élevant des temples à l'Eternel et en faisant de bonnes actions[1]. Mais à Francfort il se trouva livré à des hommes qui ignoraient les égards dus aux grands talents, dont l'extravagance égalait la grossièreté, et

[1] Il est constant que Louis XV fut tellement assiégé par les évêques et par la Sorbonne, que l'on fut sur le point d'obtenir contre Voltaire une lettre de cachet. Il ne dut son salut qu'aux bienfaits qu'il répandait autour de lui et qui furent révélés au roi par ses amis. De grands seigneurs, à qui il avait prêté des sommes considérables, étaient au nombre de ses persécuteurs. (Note de l'auteur.)

qui croyaient donner une preuve de zèle à leur souverain, en outrageant de la manière la plus cruelle un homme qui était, à leurs yeux, un grand coupable, par cette seule raison que la demande de Frédéric annonçait une disgrâce. Ce n'est pas la première fois que les subalternes ont abusé du nom de leur maître et outrepassé ses ordres. L'ignorance des agents est plus à craindre que la sévérité éclairée du souverain. Il est en tout une mesure que peu d'hommes savent apprécier.

Je ne dois pas oublier une anecdote qui donnera une idée du désintéressement de Voltaire. Lorsque nous fûmes arrêtés à la porte de Francfort, et tandis que nous attendions dans la voiture la décision de *monseigneur Freytag,* il tira quelques papiers de l'un de ses portefeuilles, et dit en me les remettant, *cachez cela sur vous.* Je les cachai dans ce vêtement qu'un écrivain ingénieux a nommé le vêtement nécessaire, bien décidé à empêcher toutes les perquisitions que l'on voudrait faire dans cet asile. Le soir, à l'auberge du *Bouc,* trois soldats me gardaient dans ma chambre et ne me perdaient pas de vue. Je brûlais cependant de connaître ces papiers que je croyais de la plus grande importance, dans l'acception ordinairement donnée à ce mot. Pour satisfaire ma curiosité et tromper la vigilance de mes surveillants, je me couchai tout habillé; caché par mes rideaux, je tirai doucement le précieux dépôt du lieu où je l'avais mis : c'était ce que Voltaire avait fait du poème de la *Pucelle.* Il avait prévu que si cet ouvrage venait à se perdre, ou à tomber au pouvoir de ses ennemis, il lui serait impossible de le refaire. Je le sauvai. Telle était la passion de ce grand homme pour ses ouvrages. Il préférait la perte des richesses à la perte des productions de son génie.

Son cœur était bon et compatissant; il attendait de ses semblables les mêmes qualités. Tandis qu'il était dans la cour de Schmith, occupé à satisfaire au besoin de la nature, on vint m'appeler et me dire d'aller le secourir. Je sors, je le trouve dans un coin de la cour, entouré de personnes qui l'observaient, de crainte qu'il ne prît la fuite, et je le vois couché, se mettant les doigts dans la bouche, et faisant des efforts pour vomir. Je m'écrie, effrayé : « Vous trouvez-vous donc mal? » Il me regarde, des larmes sortaient de ses yeux, il me dit à voix basse : «*Fingo..... Fingo* (Je fais semblant).» Ces mots me rassurèrent. Je fis semblant de croire qu'il n'était pas bien, et je lui donnai le bras pour rentrer dans le comptoir. Il croyait, par ce stratagème, apaiser la fureur de cette canaille et la porter à le traiter avec plus de modération.

Le *redoutable* Dorn, après nous avoir déposés à l'auberge du Bouc, se transporta, avec les soldats, à celle du Lion-d'Or, où Mme Denis gardait les arrêts par l'ordre du bourguemestre... Il laissa son escouade dans l'escalier et se présenta à cette dame en lui disant que son oncle voulait la voir, et qu'il venait pour la conduire auprès de lui. Ignorant ce qui venait de se passer chez Schmidt, elle s'empressa de sortir; Dorn lui donna le bras. A peine fut-elle sortie de l'auberge que les trois soldats l'entourèrent et la conduisirent, non pas auprès de son oncle, mais à l'auberge du Bouc, où on la logea dans un galetas meublé d'un petit lit, n'ayant, pour me servir des expressions de Voltaire, que des soldats pour femmes de chambre et leurs baïonnettes pour rideaux. Dorn eut l'insolence de se faire apporter à souper, et sans s'inquiéter des convulsions horribles dans lesquelles une pareille aventure avait jeté Mme Denis, il se mit à manger et à vider bouteille sur bouteille.

Cependant Freytag et Schmith firent des réflexions : ils s'aperçurent que des irrégularités monstrueuses pouvaient rendre cette affaire très mauvaise pour eux. Une lettre arrivée de Potsdam indiquait clairement que le roi de Prusse ignorait les vexations commises en son nom. Le lendemain de cette scène, on vint annoncer à Mme Denis et à moi que nous avions la liberté de nous promener dans la maison, mais non d'en sortir. L'œuvre de *Poëshie* fut remis, et les billets que Voltaire et Freytag s'étaient faits furent échangés.

Freytag fit transporter à la gargote où nous étions logés la malle qui contenait les papiers, l'argent et les bijoux. Avant d'en faire l'ouverture, il donna à signer à Voltaire un billet par lequel celui-ci s'obligeait à payer les frais de capture et d'emprisonnement. Une clause de ce singulier écrit était que les deux parties ne parleraient jamais de ce qui venait de se passer. Les frais avaient été fixés à cent vingt-huit écus d'Allemagne. J'étais occupé à faire un double de l'acte, lorsque Schmith arriva. Il lut le papier, et prévoyant sans doute, par la facilité avec laquelle Voltaire avait consenti à signer, l'usage terrible qu'il en pourrait faire quelque jour, il déchira le brouillon et la copie, en disant : « Ces précautions sont inutiles entre gens comme nous. »

Freytag et Schmith partirent avec cent vingt-huit écus d'Allemagne. Voltaire visita la malle dont on s'était emparé la veille sans remplir aucune formalité. Il reconnut que ces messieurs l'avaient ouverte et s'étaient approprié une partie de son argent. Il se plaignit hautement de cette escroquerie; mais messieurs les représentants du roi de Prusse avaient à Francfort une réputation si bien établie qu'il fut impossible d'obtenir aucune restitution.

Cependant nous étions encore détenus dans la plus détestable gargote de l'Allemagne, et nous ne concevions pas pourquoi on nous retenait, puisque tout était fini. Le lendemain, Dorn parut et dit *qu'il fallait présenter une supplique à S. E. Monseigneur de Freytag*, et l'adresser en même temps à M. de Schmith. « Je suis persuadé qu'ils feront tout ce que vous désirez, ajouta-t-il; croyez-moi, M. Freytag est un gracieux seigneur.» Mme Denis n'en voulut rien faire. Ce misérable faisait l'officieux pour qu'on lui donnât quelque argent. Un louis le rendit le plus humble des hommes, et l'excès de ses remercîments nous prouva que dans d'autres occasions il ne vendait pas fort cher ses services.

Le secrétaire de la ville vint nous visiter. Après avoir pris des informations, il s'aperçut que le bourguemestre avait été trompé. Il fit donner à Mme Denis et à moi la liberté de sortir; Voltaire eut la maison pour prison jusqu'à ce qu'on eût reçu de Potsdam des ordres positifs. Mais craignant de garder longtemps les arrêts s'il s'en reposait sur ces messieurs, il écrivit une lettre à l'abbé de Prades, lecteur de Frédéric. Le 5 juillet 1753, il en reçut une réponse précise, qui mit un terme à tout ce scandale, et lui rendit toute sa liberté, non pas par le ministère de Freytag et de Schmith, mais par celui du magistrat de la ville.

Le lendemain, 6, nous rentrâmes à l'auberge du Lion-d'Or. Voltaire fit aussitôt venir un notaire, devant lequel il protesta solennellement de toutes les vexations et injustices commises à son égard. Je fis aussi une protestation, et nous préparâmes notre départ pour le lendemain.

Peu s'en fallut qu'un mouvement de vivacité de Voltaire ne nous retînt encore à Francfort et ne nous replongeât dans de nouveaux malheurs. Le matin, avant de partir, je chargeai deux pistolets que nous avions ordinairement dans la voiture. En ce moment, Dorn passa doucement dans le corridor et devant la chambre, dont la porte était ouverte; Voltaire l'aperçut dans l'attitude d'un homme qui espionne. Le souvenir du passé allume sa colère; il se saisit d'un pistolet et se précipite vers Dorn. Je n'eus que le temps de m'écrier et de l'arrêter. Le *brave*, effrayé, prit la fuite, et peu s'en fallut qu'il ne se précipitât du haut en bas de l'escalier. Il courut chez un commissaire, qui se mit aussitôt en devoir de verbaliser. Le secrétaire de la ville, le seul homme qui, dans toute l'affaire, se montra impartial, arrangea tout, et le même jour nous quittâmes Francfort. Mme Denis y resta encore un jour pour quelques arrangements, et partit ensuite pour Paris.

Je n'ai encore rien dit des raisons qui ont motivé l'indigne traitement fait à Voltaire. Voici ce que j'en ai pu savoir. Après son départ de Brandebourg, ses ennemis cherchèrent à faire naître des soupçons dans l'esprit de Frédéric. Des épigrammes malignes et injurieuses furent attribuées à Voltaire, qui n'était point là pour confondre ses calomniateurs. On fit entendre au roi que son ancien favori allait se réfugier à Vienne, auprès de l'ennemi naturel de Sa Majesté, et que s'il avait quelques écrits de sa main royale, il ne manquerait pas d'en faire un mauvais usage. Cette dernière considération engagea Frédéric, qui craignait la flétrissure, autant pour ses lauriers poétiques que pour sa réputation militaire, à prendre quelques précautions. Il avait à Francfort un résident; il le chargea de se faire remettre tous les papiers de sa main, et un volume, imprimé, de poésies. Cet ordre était bien simple; et on vient de voir avec quelle docilité Voltaire s'y soumit. Il paraît que ceux qui furent chargés à Berlin de transmettre les ordres du roi, y ajoutèrent ou les dénaturèrent. L'imbécile Freytag, qui n'avait d'autres gages que ce qu'il pouvait dérober aux passants, y mit encore plus du sien; de là les violences exercées contre nous. Le roi de Prusse n'avait certainement pas donné l'ordre de nous emprisonner dans une gargote, et de garder avec des soldats, un poète, son secrétaire et une femme; il n'avait jamais prescrit que l'on nous injuriât, que l'on nous fît vider nos poches, que l'on nous volât nos effets et notre argent.

Il est probable que le volume de poésies du roi fut le vrai motif de cet ordre. Cet ouvrage n'était pas une édition faite pour le public; il avait été imprimé secrètement en 1751, dans une chambre du château de Potsdam, à un très petit nombre d'exemplaires, dont le roi avait gratifié ses plus intimes favoris. Voltaire était du nombre, et ce présent était acquis avec d'autant plus de justice que l'auteur de la *Henriade* avait corrigé et retouché tout ce que ce recueil renfermait de meilleur. Il paraît que dans le volume en question, se trouvait un poème comique, intitulé le *Palladium*. Voici ce que Voltaire écrivait de Potsdam, à Mme Denis à Paris, au mois de janvier 1751, c'est-à-dire, dans le temps où il jouissait auprès du roi de Prusse, de la plus grande faveur :

« Savez-vous bien qu'il a même fait un poème dans le goût de ma *Pucelle*, intitulé le *Palladium* ? Il s'y moque de plus d'une sorte de gens; mais je n'ai point d'armée comme lui, et je n'ai jamais gagné de batailles. »

Qu'on pèse ces derniers mots; on reconnaîtra sans peine, que ce *Palladium*[1] tournait en ridicule les individus d'une classe élevée, et que Frédéric, craignant de se faire de nouveaux ennemis si cet ouvrage paraissait, comptant peu sur la discrétion de Voltaire, le fit arrêter à Francfort, pour ravoir cette satire.

Voltaire songea toute sa vie à se venger des violences qu'il avait souffertes à Francfort[2] et jamais le

[1] On sait maintenant ce que contenait le livre de *poeshies* du roi. La pièce capitale était un poème à prétentions macaronniques, burlesque, sans gaieté, dont le sujet était l'enlèvement du secrétaire du marquis de Valori, notre ambassadeur en Prusse, par un parti de pandours qui comptait faire une toute autre prise, — celle de l'ambassadeur lui-même. Voir GUSTAVE DESNOIRESTERRES, *Voltaire et Frédéric*, 1re édition, p. 66 et 486. (A. T.)

[2] « L'affaire en était là depuis bien des années, les doutes se prolongeaient et se prolongeraient encore sans l'incident inattendu que nous voulons faire connaître à nos lecteurs. Un troisième témoin vient d'apparaître après un siècle de silence, et ce témoin n'est autre que l'agent même de Frédéric II, ce trop célèbre Freytag immortalisé par les sarcasmes de Voltaire. Un des derniers représentants de la tradition du XVIIIe siècle en Alle-

souvenir et le ressentiment de cette injure ne s'affaiblirent dans son esprit.....

COLLINI[1]. *Mon séjour auprès de Voltaire* (Paris, 1807, in-8°).

magne et l'un des hommes qui ont inauguré l'âge nouveau, un ami de Gœthe et d'Henri Heine, M. Varnhagen d'Ense, a eu l'heureuse chance de retrouver à Berlin presque toutes les pièces de ce singulier procès, les ordres de Frédéric, les rapports de M. Freytag, son *résident* à Francfort, les lettres de ce même baron aux ministres du roi, ses communications avec ses employés, ses requêtes, ses plaintes, ses cris, bref, tout le dossier de l'aventure, un dossier sur Voltaire, rédigé par une chancellerie tudesque ! » Saint-René Taillandier. *Une page de la vie de Voltaire* (*Revue des Deux-Mondes,* 1865), livraison du 15 avril, p. 839-840. — Citons encore le même auteur : « N'oublions pas, dit-il, un ouvrage spécialement consacré aux rapports du poète et du roi : *Frédéric-le-Grand et Voltaire,* tel est le titre de ce livre, ou plutôt de ce manifeste, où un démocrate allemand, élève de Louis Bœrne, M. Jacob Venedey, se porte le défenseur du roi de Prusse avec une incroyable violence de parti pris, et n'admettant pas même de circonstances atténuantes pour le poète outragé, le condamne à un pilori éternel. » (Même article, p. 837.) — M. G. Desnoiresterres a écrit, de son côté, — toujours à propos de l'aventure de Francfort : « De l'autre côté du Rhin, les écrivains de toutes les nuances et de toutes les écoles s'entendent pour immoler l'auteur du *Siècle de Louis XIV* à l'auteur des *Mémoires sur la maison de Brandebourg.* (*Voltaire et Frédéric,* p. 435.)

(A. T.)

[1] Il fut le secrétaire de Voltaire de 1752 à 1756, et passa ensuite au service de l'électeur palatin, Charles-Théodore, qui en fit son secrétaire intime et son historiographe. On a de lui divers écrits historiques, des *Lettres sur l'Allemagne,* et il aida Voltaire pour la composition de ses *Annales de l'Empire.* Né à Florence en 1727, mort en 1806. (A. T.)

TABLE DES MATIÈRES

PUBLICATIONS DE LA MÊME LIBRAIRIE :

VOLTAIRE ET L'EGLISE, par l'abbé *Moussinot.*

VOLTAIRE. *Histoire complète de sa vie,* par *Raoul d'Argental.*

VOLTAIRE A PARIS, par *Edouard Damilaville.*

CENT ET UNE ANECDOTES SUR VOLTAIRE, par *Gaston de Genonville.*

POUR PARAITRE PROCHAINEMENT :

LE BIEN ET LE MAL QU'ON A DIT DE VOLTAIRE, par *Maxime de Cideville.*

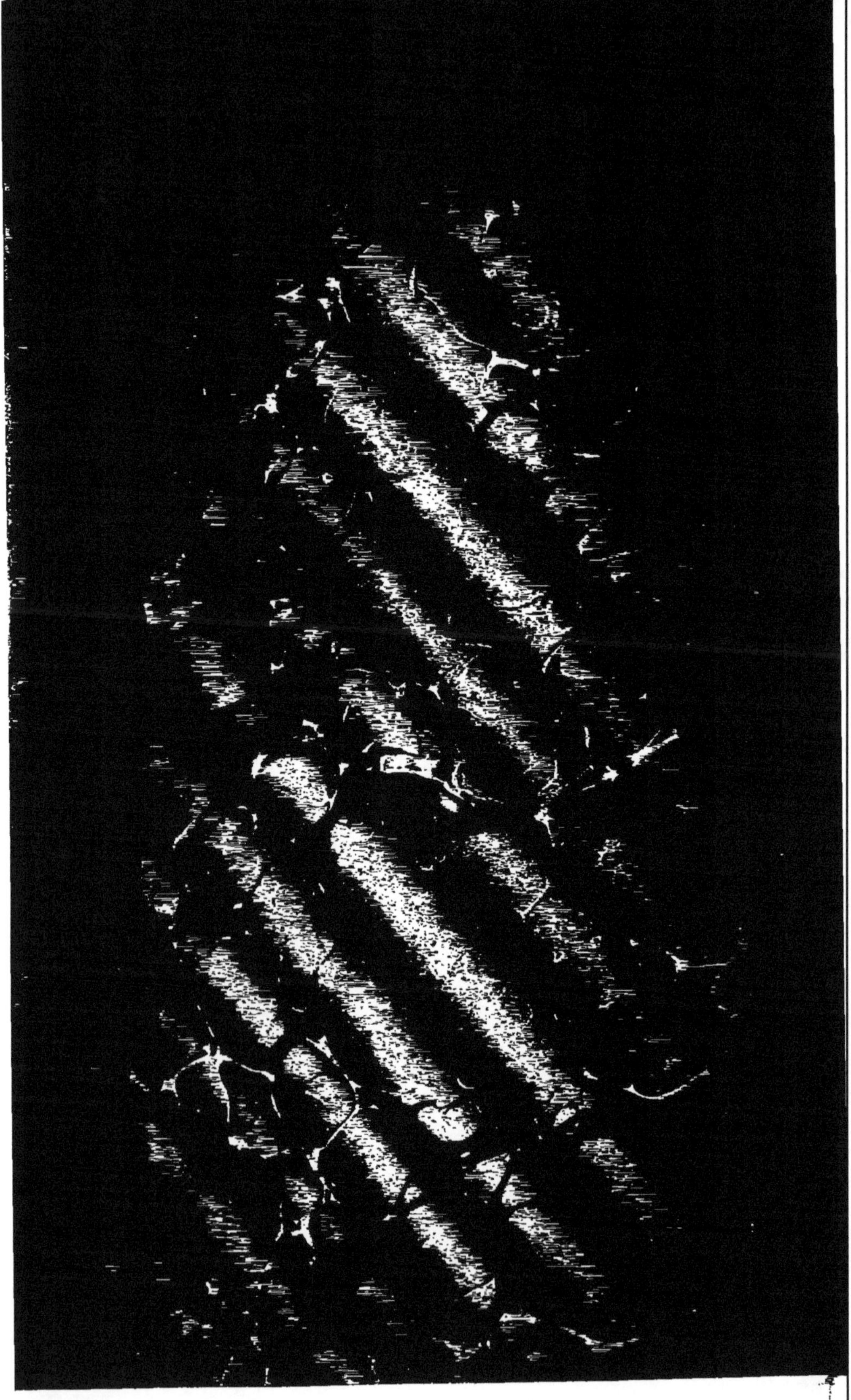

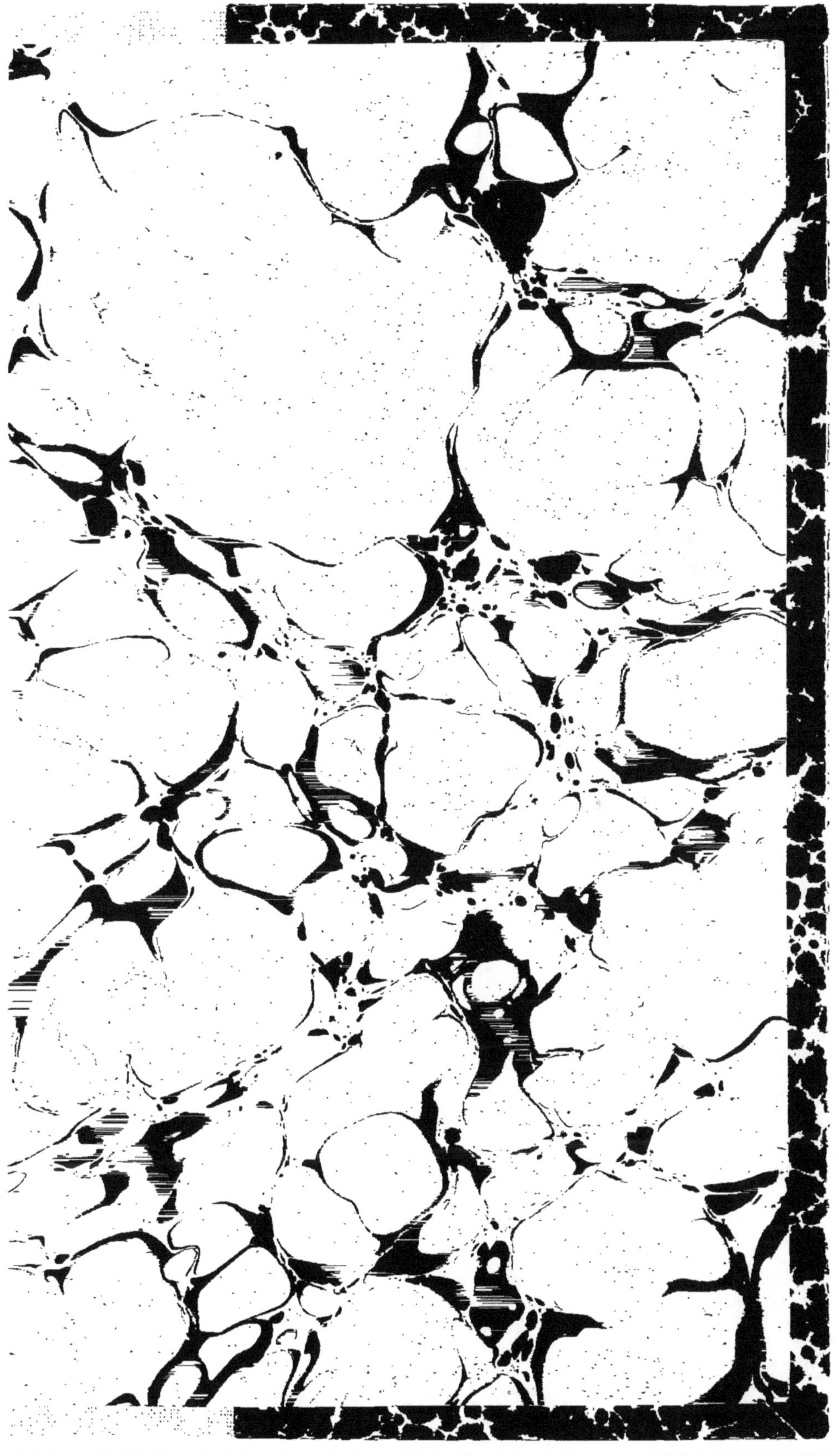

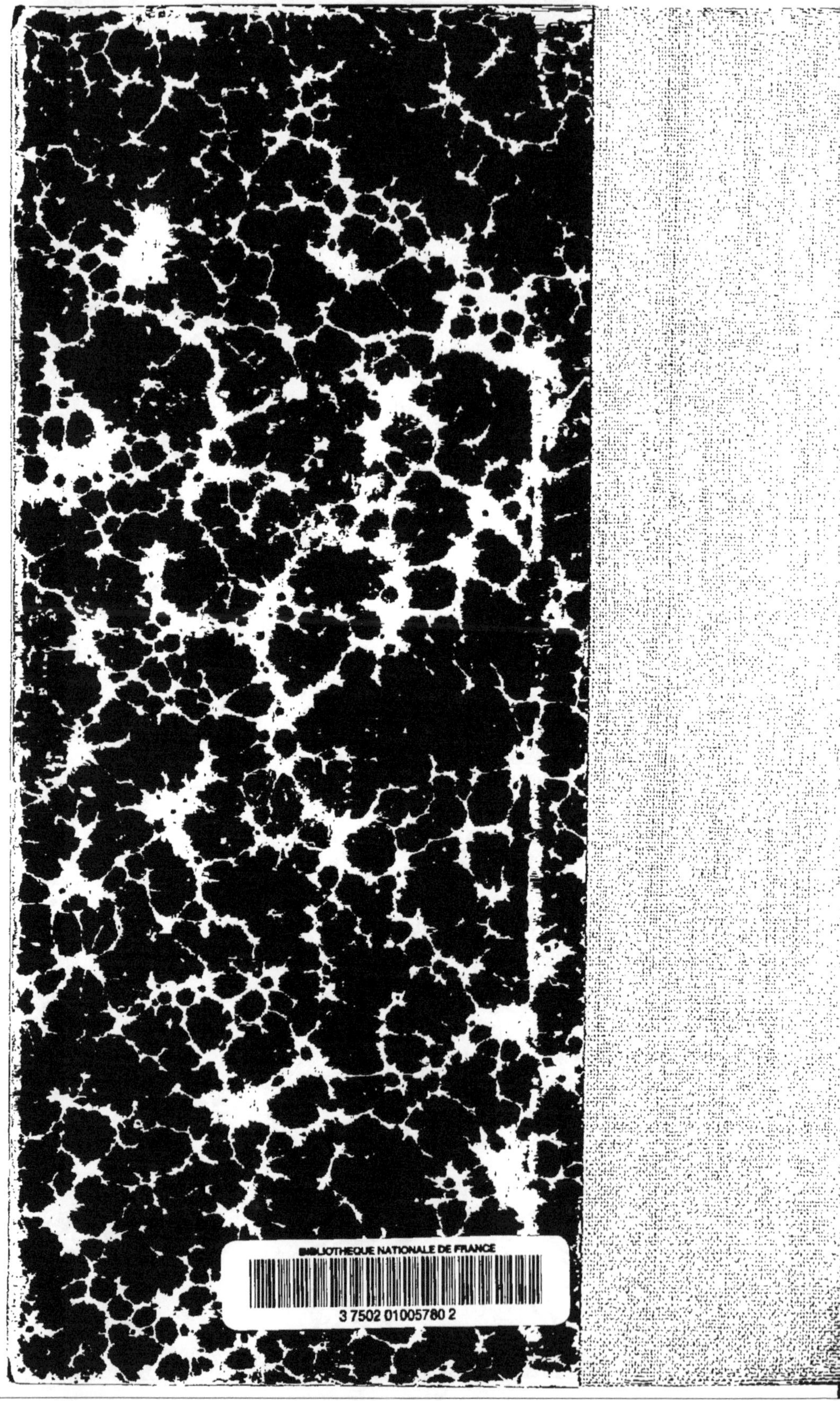
BIBLIOTHEQUE NATIONALE DE FRANCE
3 7502 01005780 2

www.ingramcontent.com/pod-product-compliance
Ingram Content Group UK Ltd.
Pitfield, Milton Keynes, MK11 3LW, UK
UKHW012207240726
13966UKWH00002B/625

9 782011 931566